普通高等教育应用创新系列教材

创新创业基础

主　编　王远霞　茹华所　焦德光

副主编　李　健　韩　超　徐　佳　李　黎

科学出版社

北　京

内容简介

本教材讲述了创新创业的基础内容，从以下九个主题介绍了创业项目从 0 到 1 的过程：开课准备及对创新内涵的认知、创新思维的训练、创业机会识别及创业项目的选择、创业团队的组建、客户需求的探索、初创企业的财务与融资、市场营销的策略、商业模式的设计、创业计划书的制订及课赛路演准备。九个主题逻辑清晰，内容紧紧围绕创业环节，涵盖了项目从创业到实现的全过程，为师生提供了清晰的可操作的步骤和指导。

本教材适合正在接受创新创业教育的全国高等院校大学生参考阅读。

图书在版编目（CIP）数据

创新创业基础 / 王远霞，茹华所，焦德光主编. —北京：科学出版社，2019.3

普通高等教育应用创新系列教材

ISBN 978-7-03-060601-3

Ⅰ. ①创… Ⅱ. ①王… ②茹… ③焦… Ⅲ. ①大学生-创业-高等学校-教材 Ⅳ. ①G647.38

中国版本图书馆 CIP 数据核字（2019）第 033803 号

责任编辑：王京苏 / 责任校对：孙婷婷
责任印制：张　伟 / 封面设计：蓝正设计

科学出版社 出版
北京东黄城根北街 16 号
邮政编码：100717
http://www.sciencep.com
天津市新科印刷有限公司 印刷
科学出版社发行　各地新华书店经销
*
2019 年 3 月第　一　版　开本：787×1092　1/16
2023 年 1 月第十次印刷　印张：9 1/4
字数：214 000

定价：35.00 元

（如有印装质量问题，我社负责调换）

本书编写委员会

主　编　王远霞　茹华所　焦德光

副主编　李　健　韩　超　徐　佳
　　　　　李　黎

编　委　郭　欣　李忠岘　李坚玲
　　　　　唐　娇　崔洪亮　蔡迪洋

前　言

创新引领创业，创业带动就业，创业是就业之源，就业是民生之本。以创新创业教育推动创业，是培养适应国民经济与社会发展的高级专门人才的需要，必须加强高校创新创业教育，培养学生的创新意识和创业精神，提升学生的创新创业实践能力。创新创业是国家发展的新潮流，是这个时代的主旋律和最强音，创新创业教育是大学教育的新方向。在这样的背景下，本教材依据教育部对这门课程的文件要求，结合高校实际情况和编委成员丰富的教学经验，经过多次的研讨、修改后编写而成。

为了便于大学生学习，给其在创新创业过程中很好的指导，也为了便于教师积极地开展教学，我们编写了这本教材。本教材最大的特色体现在如下四个方面：一是完全体现了“以学生为中心”“以能力为本位”的教育理念，所有教学环节均采用积极教学方法，逻辑清晰、可操作性强，学生活动与理论知识解析相结合。二是体现了校企合作，企业专家深度参与并指导本教材的编写工作，使教材内容与企业市场需求紧密联系；三是体现了全国“互联网+”大学生创新创业大赛精神：课赛结合、赛教一体，以赛促教、以赛促改。本教材的编写结合了高等院校举办“互联网+”大赛的实践经验，吸纳借鉴了大赛创办的实际案例和成果；四是本教材借鉴了高等院校多年来在创新创业教育领域所取得的教育教学经验及成果，展现了其在创新创业创效工作中的不懈努力。

本教材在编写形式上，具备了以下几个方面的特色。

（1）从教学内容上来说，本教材在九个主题内容之后，提供了每个主题的教学方法参考及教学法基础部分，为授课教师提供了有效的、建设性的参考内容。

（2）从结构上来说，本教材打破了传统章节的形式，均以操作性强的主题形式呈现，每个主题设置清晰的学习目标、教师活动、学生活动、所需资源、学习目标检测等环节和内容，体现了编写人员对教学过程的精心设计。

（3）从教学方法上来说，本教材采用以能力为本位的积极教学方法，使学生做中学、学中做，教学实践训练让理论在实战中得到呈现，让学生有更好的实践体验，充分展示了“以学生为中心”的教学理念。

（4）对学生来说，本教材中各个主题的拓展阅读、案例阅读等，都可以给学生在创业准备及过程中很好的借鉴和指导；对教师来说，附录中教师教学方案及教学方法参考部分，可以为其实施积极教学法提供理论支撑和技术指导。

本教材由王远霞、茹华所、焦德光担任主编，具体编写分工如下：李坚玲负责开课准备及对创新内涵的认知主题；王远霞负责创新思维的训练、创业机会的识别及创业项目的选择、客户需求的探索、创业计划书的制订及课赛路演准备主题和附录部分；唐娇协助完成客户需求的探索主题；郭欣、徐佳、蔡迪洋负责创业团队的组建主题；李忠岘、韩超负责市场营销的策略主题；李健、焦德光负责初创企业的财务与融资主题；李黎负责商业模式的设计主题；崔洪亮负责整个教材的文字及图片的排版；茹华所和焦德光负责本教材的审稿工作。其中，李黎为云南磐恩科技有限公司副总经理，一直从事 IT 企业工作，经历了企业的创业、孵化、成长等历程，积累了丰富的市场经验，参与了本教材的体系编制、理论结合实际，充分把企业实践情况融入到本教材内容中。

本教材既可以作为高校创新创业类课程的教材和创新创业工作人员的自学参考书，也可以作为高校教师实施积极教学法的指导书。本书在编写过程中，参阅了很多优秀的著作及教材，在此向所有著作的作者表示感谢！由于编者水平、时间和掌握的资料有限，书中难免存在不妥和疏漏之处，恳请广大专家和读者批评指正，提出宝贵的修改意见！

作　者

2019 年 1 月

目　　录

主题一　开课准备及对创新内涵的认知

学习目标

通过本主题的学习，学生将能够：

1. 描述创新的概念；
2. 列举出创新所需要的条件；
3. 解释大众创业万众创新这一时代背景；
4. 解释中国"互联网+"大学生创新创业大赛的要点。

案例导入

曹冲称象

曹冲生五六岁，智意所及，有若成人之智。时孙权曾致巨象，太祖欲知其斤重，访之群下，咸莫能出其理。冲曰："置象大船之上，而刻其水痕所至，称物以载之，则校可知矣。"太祖悦，即施行焉。

译文：曹冲长到五六岁的时候，他的智慧与意识所达到的水平，已经相当于成年人。一次，孙权送来一头大象，曹操想知道它有多重，询问手下群臣，都不能说出获知大象重量的办法。曹冲说："将大象放到一艘大船上，在船身上刻下水面所到位置记号，再让船装载其他东西沉到水面记号位置，称量这些东西重量，因为这些东西与大象的重量相等，一比较就能知道大象重量了。"曹操听了很高兴，立即让人照这个办法做了。

学生活动一：结合以上案例，思考并回答什么是创新。

____

____

____

____

【学习目标一】知识解析：创新的概念

什么是创新？《广雅》："创，始也。"新，与旧相对，指第一次出现的、前所未有的事物、物件、思想等。"创新"，顾名思义，创造新的事物。

从哲学角度理解，创新是人的创造性实践活动。纵观人类进化史，从茹毛饮血、钻木取火到微波炉、电磁炉、自热火锅、化学能、风能、水能、太阳能、潮汐能，从刀耕火种到遗传育种、无土栽培，从渔猎禽畜到生物基因工程，从木牛马车到汽车、飞机、高铁、载人航天；从刻木结绳到超级计算机，从狼烟烽火到移动互联网、卫星通信，从石刻岩画到语言文字、文学艺术，等等，都是人类从自身的需求出发，为获取更多更好的生存基础和生存空间，不断认识世界，实践发现、利用和改造物质世界，形成新物态，产生新矛盾，实现新超越，创造出一个个人类奇迹的例子。创新涵盖科技、经济、政治、军事、文化、社会等领域，推动人类文明持续向前发展。由此可见，人类进化史是由人类自身发展需求与现实环境滞后的矛盾，驱动认识发现与创新实践对物质世界实践的历史。创新贯穿于整个人类发展史。因此，人类进化史也是一部人类文明的创新史。

从认知的角度理解，世界是一个庞大的系统，人类对世界的认知，总是由表及里、由浅到深、由点到面，通过观察、思考、分析、发现，不断深入、不断扩大的。

随着新认识发现的产生，人们开始怀疑以往现实实践活动所得出的肯定结论，否定过去经验，将新的认识发现应用于实践，改造创造新的现实世界，验证新的认识发现，得出肯定的新经验总结，从而再进入下一轮更高的认知循环。这个从肯定到否定，再到肯定，不断循环上升，永无止境的认知过程，是推动人类不断创新的源泉。所以，创新是源于对现实的“怀疑”，它涵盖人类对世界认知的全部内容和全部过程，创新是无限的。

一百多年前，美籍经济学家熊彼特从技术与经济相结合的角度，探讨技术创新在经济发展过程中的作用。提出：创新就是要“建立一种新的生产函数”，即“生产要素的重新组合”，就是要把一种从来没有的关于生产要素和生产条件的“新组合”引进生产体系中，以实现对生产要素或生产条件的“新组合”。它包括五种情况：新产品、新的生产方法、新的市场、获得原材料或半成品的一种新的供应来源、新的组织形式，后人将之总结为产品创新、技术创新、市场创新、资源配置创新和组织创新。他提出，“创新”是资本主义经济增长和发展的动力，没有“创新”就没有资本主义的发展。作为资本主义“灵魂”的“企业家”，其职能就是实现“创新”，引进“新组合”，目的是获得潜在的利润，即最大限度地获取超额利润。整个资本主义社会不断地实现这种“新组合”，就会促进资本主义的经济发展。所以，资本主义的经济发展就是这种不断创新的结果。

在科技发展日新月异的今天，移动互联网、大数据技术让信息的获取和沟通变得方便快捷，人工智能、生命科学、量子科技正改变我们对世界的认知，知识的跨界融合已成常态。全球经济一体化的态势下，社会分工却越来越精细化，新的生产力、新的生产方式、新的业态正在不断颠覆我们传统的经济思维模式。

因此，当前对创新更多定义为：创新是以现有的思维模式提出的有别于常规或常人思路的见解为导向，利用现有的知识和物质，在特定的环境中，本着理想化需要或为满足社会需求，而改进或创造新的事物（包括但不限于各种产品、服务、方法、元素、路径、环境等），并能获得一定有益效果的行为。

可见，在不同的领域、不同的时期，从不同的角度，对创新的定义均有所区别。但是，我们也可看到，不论人们怎样定义，创新最基本的特征都是不变的。

第一，创新具有目的性。创新是人类为了满足自身需要，不断拓展对客观世界及其自身的认知与行为的过程和结果的活动，是人类社会在意识支配下进行的创造性活动，这种活动都有一定的目的性，这个特性贯穿于创新过程的始终。

第二，创新具有变革性。创新不是在现实条件下简单的状况重复，更不是对现有内容的简单修改补充，而是对现实的突破性发展、根本性变革、综合性创造，是对已有事物的改造和革新，是一种深刻的变革，是对事物本质的改变。

第三，创新具有新颖性。创新的核心是“新”，是过去没有的新事物、新业态，是在传统继承基础上的不断发展创造，是破旧立新不断超越的实践过程，求新求变作为其思想基础贯穿整个过程始终。

第四，创新具有价值性。创新既然具有明确的目的性，那么它就必然具有明显的价值性。创新是可以满足人们需要、能够实现经济社会效益的活动。一切无价值的创新是得不到人们认可和接受的，自然也是无意义、不可进行的。创新活动本身就有创造价值。创新成果的价值通过市场交换得以实现，在满足人们不断增长的物质文化需求的同时，促进社会生产力水平不断提高，实现社会经济持续发展，推动人类社会的文明进步。

第五，创新具有高风险、高回报性。创新是从现实出发，在预期美好未来的认知基础上进行的实践活动，具有前瞻性和超前性，一旦成功，可获得丰厚的回报，但由于未来的不确定性同时也具有较多风险。因此，创新的高回报与高风险是同时并存的。

学生活动二：独立阅读创新的概念部分并记录要点。

____

____

____

____

学生活动三：独立思考并列举创新需要的条件。

____

____

____

____

【学习目标二】知识解析：创新所需要的条件

人类的创新活动均源于对现实状况的不满意，因为有了不满意，才会有改变的冲动与欲望，并由此构想一个美好的理想状况。通过寻找现实与理想的差距，发现差距产生的根本原因，分析探究、思考提出解决问题的新方法和新途径，积极付诸实践，最终创造新事物并应用推广。

可见，创新的关键就是改变。首先是思想的改变，其次是行动的改变。不论是思想，还是行动，其改变一定是向着更加积极、更加美好、更加有益于人类发展进步的方向不断改变的。

创新无处不在，创新也永无止境，创新既可以简单也可以复杂。如果说创新需要什么条件，那就是要有一个勤于思考的大脑；一双善于发现问题的眼睛；积极拼搏、不畏艰险、不断学习、乐观向上的心态；脚踏实地、坚持不懈的工作作风；知行合一的行动准则。创新不在乎大小，只要我们能从自身改变做起，由己及彼，推而广之，又何尝不是创新？又何愁创新没有空间？

学生活动四：分享自己创新的事例或者举动。

学生活动五：思考如何理解国家倡导的“大众创业、万众创新”。

【学习目标三】知识解析：“大众创业、万众创新”的时代背景

创新是一个民族进步的灵魂，是一个国家兴旺发达的不竭动力；创业是将梦想变为现实的实践活动，是创立事业、服务社会、成就价值、获取财富的行为过程。创新与创业的结合将会产生新的生产力和新的生产方式，形成新的业态，促进经济增长、技术进步，推动社会发展。

2014年9月召开的夏季达沃斯论坛开幕式上，李克强总理首次提出，要借改革创新的“东风”，在960万平方公里土地上掀起“大众创业”“草根创业”的浪潮，形成“万众创新”“人人创新”的新态势①。

李克强总理在《2015 年国务院政府工作报告》中指出，“推动大众创业、万众创新。这既可以扩大就业、增加居民收入，又有利于促进社会纵向流动和公平正义”；“让人们在创造财富的过程中，更好地实现精神追求和自身价值”。此后，在全社会兴起了大众创业、万众创新的热潮。

① 敲黑板，往这儿看！总理下周将要出席的“夏季达沃斯”，哪些看点值得期待？人民网. http://politics.people.com.cn/nI/2017/ 0624/cIooI-29360474.html. 2017-06-24.

那么，国家为什么要提出“大众创业、万众创新”？

自 2008 年美国次贷危机引发世界金融危机以来，世界经济复苏乏力，我国经济面临转型之困、经济下行、就业压力大等一系列困境，经济发展形势不容乐观，经济增长动力不足成为经济发展最为核心的问题，我国必须为经济增长寻找到新的引擎。

随着我国经济呈现出新常态，经济增速从高速增长进入中高速阶段；发展方式由规模速度型粗放增长向质量效率型集约增长转变；经济结构产业结构由中低端向中高端转换；经济增长驱动力由要素驱动、投资驱动转向创新驱动。

“大众创业、万众创新”是创新驱动发展战略的具体实施措施，借用大众智慧共同探索新的产业变革趋势，能够发掘并培养出新的经济增长点，更有利于满足分散化、精细化的市场需求，以供给创新激发和释放新的消费潜力和投资空间。创新创业的实践能够直接推动产业结构升级，新技术广泛应用使创新创业多集中在技术前沿领域，如互联网、智能制造等新兴产业。但是，创新创业并不局限于新兴产业，创新创业的实践承载着新技术因素，一旦注入传统产业，又将使其焕发生机，形成新的竞争优势。“大众创业、万众创新”将带动传统工业时代的规模化、统一化的生产模式向智能化、个性化的生产方式转变。更多着眼于市场需求差异化的生产小型化、智能化、专业化的小微企业，成为产业组织新特征，实现人力资源在全社会的自由流动。让每一个创新创业者都拥有勤劳致富、实现梦想的公平机会，让创新融入每一个经济细胞，把经济的繁荣与个人的成功牢牢地捆绑在一起，这将极大地调动广大人民群众的积极性，并释放出更大的经济发展活力，促进社会就业，增加居民收入。因此，“大众创业、万众创新”是中国经济新常态的企业、社会内在要求与现实选择。

新形势下，政府进一步简政放权，提供规范而自由的市场秩序，宽松而有序的生存环境，给市场和民间留出更多的空间。着力治理审批难问题，以实行注册资本认缴制、“先照后证”、年报公示、“三证合一”等为核心内容的工商登记制度改革政策陆续出台，为新型创业企业的产生和发展提供便利，从而真正调动民间资源的流通配置，发挥创业企业的主观创造性，为创新创业提供一个良好的环境。从供给面培育经济内生增长动力，稳定经济增长和就业、推动经济结构调整和提质增效升级。同时，政府加大鼓励创新创业的支持力度，推出更多的功能性、普惠性政策优惠，放宽市场准入，降低创业企业的进入门槛，从税费优惠、融资方式、人才流动激励机制、分配机制等方面为“双创”助力。最后，政府不断改善营商环境，创造有利于创新创业的法治环境和创业友好的监管环境，适应新形势，制定新法规，积极发挥政府的主观能动性，建设服务型政府，构建创新创业平台，为创新创业保驾护航，促进了创新创业氛围的形成和创新创业活力的释放。因此，“大众创业、万众创新”是我国全面深化改革，政府职能转化的背景下创新宏观调控方式的必然选择。

由此可见，“大众创业、万众创新”是凝聚全社会最广泛的共识，推动自下而上的改革诉求，与自上而下的改革意志形成共振，全面深化改革，破解中国经济社会发展困境的时代选择。

自 2013 年以来，国家出台了一系列推动自主创新、创业的政策，全民参与创新、创业的意愿空前高涨。属于中国的创新、创业“黄金时期”已经来到。国家信息中心专家委员会主任宁家骏等专家认为，“十三五”期间，“互联网+”、通信、高铁、航天等高端制造业和高科技产业蓬勃发展，中国经济转型升级将步入从量变到质变、从产业规划到发挥市场力量推动的崭新阶段。

党的十八届五中全会提出，必须把创新摆在国家发展全局的核心位置，不断推进理论创新、制度创新、科技创新、文化创新等各方面创新。以创新促发展，保证经济社会各项目标的实现。

国家之间的竞争是创新能力的竞争，创新能力的竞争在于人才的竞争。大学生作为社会建设者和未来栋梁，是知识、智力高度密集的一个特殊群体，历来受到各国政府重视，是创新创业人才培养的重中之重。

提升我国高校学生的创新创业能力，在“双创”背景下，布局好高校今后的教育工作，成为国家高校教育工作的重要着力点。教育部印发《教育部关于做好2016届全国普通高等学校毕业生就业创业工作的通知》，该通知指出，从2016年起所有高校都要设置创新创业教育课程，对全体学生开发开设创新创业教育必修课和选修课，纳入学分管理。

通过多年的创新创业教育实践，高校大学生创业人数不断增加，以创新引领创业、创业带动就业，推动了高校毕业生更高质量创业就业。大学生已成为“大众创业、万众创新”的重要力量。

学生活动六：独立阅读以上知识解析部分并记录重点内容。

学生活动七：独立阅读中国“互联网+”大学生创新创业大赛部分并记录要点。

【学习目标四】知识解析：中国“互联网+”大学生创新创业大赛

2015年首届中国“互联网+”大学生创新创业大赛，由教育部与有关部委和吉林省人民政府共同主办，主题为“‘互联网+’成就梦想，创新创业开辟未来”。大赛宗旨是深化高等教育综合改革，激发大学生的创造力，培养造就“大众创业、万众创新”的生力军；推动赛事成果转化，促进“互联网+”新业态形成，服务经济提质增效升级；以创新引领创业、创业带动就业，推动高校毕业生更高质量创业就业。之后中国“互联网+”大学生创新创业大赛成为国家级固定赛事，每年举办一次。

大赛采用校级初赛、省级复赛、全国总决赛三级赛制。在校级初赛、省级复赛基础上，按照组委会配额择优遴选项目进入全国总决赛。大赛最终将决出金奖、银奖、铜奖，从金奖团队产生冠、亚、季军，并同时评选出集体奖和优秀组织奖。

至 2018 年，大赛已连续举办 4 届，大赛主题各届虽有不同，但大赛宗旨（目标任务）基本不变。赛道、赛事规则逐渐增加、完善，主办、协办单位不断增加，社会影响力持续加大。

如 2018 年赛事主题为“勇立时代潮头敢闯会创 扎根中国大地书写人生华章”，目标任务与 2017 届基本相同。主办单位则增至 14 个，分别为教育部、中央网络安全和信息化领导小组办公室、国家发展和改革委员会、工业和信息化部、人力资源和社会保障部、环境保护部、农业部、国家知识产权局、国务院侨务办公室、中国科学院、中国工程院、国务院扶贫开发领导小组办公室、共青团中央和福建省人民政府，总决赛承办方为厦门大学。协办方有中国建设银行、中国高校创新创业教育联盟、全国高校创新创业投资服务联盟、中国教育创新校企联盟、中国高校创新创业孵化器联盟、中关村百人会天使投资联盟、全国高校双创教育协作媒体联盟（新华社、中央电视台、中国教育报、中国教育电视台、光明校园传媒等）等。

赛道中首次增加了国际赛道，鼓励各高校推荐国外友好合作高校的项目参赛，鼓励各高校推荐海外校友会作为国际赛道合作渠道。通过打造大赛国际平台，提升大赛全球影响力。参赛项目类型不只限于“互联网+”项目，还鼓励各类创新创业项目参赛，根据行业背景选择相应类型。

学习目标检测

（通过提问的方式检测）：

1. 描述创新的概念。
2. 列举出创新所需要的条件。

课后学生活动

创新能力测试（测试结果解析请查阅本书附录 1）

下面是 10 个题目，如果符合你的情况，则回答“是”，不符合则回答“否”，拿不准则回答“不确定”。

1. 你认为那些使用古怪和生僻词语的作家，纯粹是为了炫耀。
2. 无论什么问题，要让你产生兴趣，总比让别人产生兴趣要困难得多。
3. 对那些经常做没把握事情的人，你不看好他们。
4. 你常常凭直觉来判断问题的正确与错误。

5. 你善于分析问题，但不擅长对分析结果进行综合、提炼。
6. 你审美能力较强。
7. 你的兴趣在于不断提出新的建议，而不在于说服别人去接受这些建议。
8. 你喜欢那些一门心思埋头苦干的人。
9. 你不喜欢提那些显得无知的问题。
10. 你做事总是有的放矢，不盲目行事。

主题二　创新思维的训练

学习目标

通过本主题的学习，学生将能够：

1. 说出什么是创新思维；
2. 解释衡量创新思维的基本维度；
3. 列举出创新思维训练的方法；
4. 使用头脑风暴思考方法思考问题；
5. 使用思维导图工具（总结、展开联想等）；
6. 使用六顶思考帽工具对一个问题展开思考；
7. 针对具体问题，用创新思维提出解决方案。

故事导入

搬　家

相传，大英图书馆老馆年久失修，在新的地方建立了一个新的图书馆，新馆建成后，要把老馆的书搬到新馆去。这本来是一个搬家公司的事，没什么好策划的，把书装上车、拉走、摆放到新馆即可。问题是搬运费预算需要350万英镑，但图书馆没有那么多钱。眼看雨季就要到了，不马上搬家，这损失就大了，怎么办呢？

正当馆长苦恼的时候，一个馆员找到馆长，告诉馆长他有一个解决方案，不过仍然需要150万英镑。馆长十分高兴，因为图书馆有能力支付这些费用。

“快说出来！”馆长很着急。

馆员说：“好主意也是商品，我有一个条件。”

“什么条件？”馆长更着急了。

“如果把150万都花尽了，那权当我给图书馆做贡献了；如果有剩余，图书馆把剩余的钱给我。”

“那有什么问题？350万我都认可了，150万以内剩余的钱给你，我能做主！”馆长坚定地说。

“那咱们签个合同。”馆员意识到发财的机会到了。

合同签订了，不久就实施了馆员的搬家方案。花了150万？没有，连零头都没有用完，就把图书馆给搬完了。

学生活动一：思考馆员的搬家方案是怎样的。

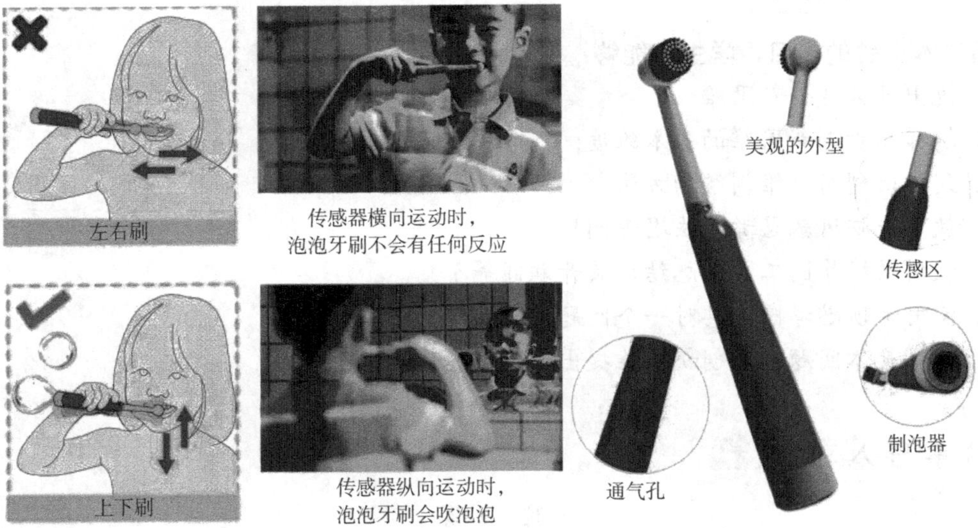

图 2-1　儿童牙刷

学生活动二：观察图 2-1，说出这款儿童牙刷的创新点是什么？

学生活动三：结合以上案例，总结什么是创新思维。

【学习目标一】知识解析：什么是创新思维

创新思维就是原创思维和灵活思维，即打破常规和传统障碍，以崭新的态度和崭新的想法来寻找解决问题的思维和方法。原创者或创造性个体应具备以下方面的能力：①关注细节的能力；②应对不确定因素的能力；③随机应变的能力；④透过现象看本质的能力。同时，原创者或创造性个体还应具备以下方面的素质：①管理预期风险的意愿；②强大的动力去克服困难和解决问题，捍卫自己的思维和理念；③为得到认可去努力工作的欲望和激情。

学生活动四：

（1）观看视频，独立总结出衡量创新思维的基本维度。

（2）运用头脑风暴说出衡量创新思维的基本维度有哪些。

案例视频：
巧用晾衣架

【学习目标二】知识解析：衡量创新思维的基本维度

我们如何衡量创新思维？

托兰斯创造性思维测验（Torrance tests of creative thinking，TTCT），是目前应用最广泛的创新思维测试之一。该测验由美国明尼苏达大学的托兰斯(E. P. Torrance)等人于1966年编制而成，适用于各年龄阶段的人。 托兰斯创造性思维测验由言语创造思维测验、图画创造思维测验以及声音和词的创造思维测验构成。这些测验均以游戏的形式组织、呈现，测验过程轻松愉快。如今，这个测验经历了数次修订，仍然被广泛应用。该测验涵盖了创造性思维的以下几个维度：①流畅性；②原创性；③抽象性；④精巧性及坚持力；⑤表达能力；⑥讲故事的能力；⑦运动或者行动能力；⑧完成不完整的图像、线条和圆圈能力；⑨不同寻常的形象化能力；⑩延展或者打破边界能力；⑪幽默；⑫想象力丰富和多彩；⑬幻想。以上诸多维度可概括总结为以下 5 个基本维度：①独创性：提出独特的见解，富有创意；②敏觉性：敏锐察觉事物细节；③流畅性：思考灵活顺畅，能提出多种可行方法；④变通性：触类旁通，不默守陈规；⑤精密性：精密分析、深思熟虑，在原来的基础上进一步改变，力求完善。

这个测试可以由接受过相关培训的心理学家来开展，并给被测试者的创新思维水平打分。注意：创新思维水平是可以通过学习和训练来提升的。

开发创新思维有哪些优点？

开发你的创新思维有如下一些好处：

（1）创新思维练习有助于心理健康；

（2）创新性的环境和活动有助于刺激我们的学习动力；

（3）具有创造性思维的人更容易成功，且能够助力自己或其他人的发展；

（4）具有创新思维的人更有能力去适应新的方法和科技等。

开发创新思维的基本原则如下。

（1）确保学习环境（硬件设施）要舒适，不受外界的打扰；

（2）确保情感和心理条件要合适。

合适的情感和心理条件包括以下内容：

（1）能够犯错，允许自己犯错；

（2）不会或不介意被别人评判和嘲笑（严厉和批判将会扼杀创新思维）；

（3）避免绝对的正确和错误、黑或白、好或坏等心理；

（4）自由地表达自己的想法和理念；

（5）表现个人良好的幽默感。

学生活动五：阅读以上内容并记录重点。

____

____

____

____

学生活动六：小组讨论出训练创新思维的方法。

____

____

____

____

【学习目标三】知识解析：训练创新思维的方法

创新能力，人皆有之，恰当的思维训练可以开发、提高创新能力。思维创新的方法，是指根据创新思维的发展规律而总结出来的一些原理和技巧。应用创新思维训练方法，不仅可以启发人的创新思维和产生创新成果，而且能够提高人们的创造力和创新成果的实现率。本教材主要介绍以下创新思维训练方法：发散思维方法、收敛思维方法、联想思维方法、逆向思维方法、直觉思维方法和灵感思维方法。

（1）发散思维方法，即从某一问题的不同方面不受拘束地展开思考，从而寻求解决问题的新奇想法或方案，这是一种发现新事物的全面创新思维方法。这种思维方法，突破原有的思考界限和知识面，充分发挥想象力，从多角度、多方位、多层次、多学科去探索，力图真实地反映认识对象的整体以及这个整体和周围其他事物之间的关系。

（2）收敛思维方法，即在讨论和解决问题的过程中，把许多发散思维的结果集合起来，结合已有的知识和经验，根据实用、有效的标准选择一个合理的方案或得出一个合乎逻辑规范的结论。

（3）联想思维方法，即指通过事物之间在时间、空间、外形、性质、意义等的相似、相关、对立以及因果联系，来训练人的思维的方法。联想思维主要包括：相似联想、相关联想、对比联想、因果联想、接近联想。这种创新思维方法可以为其他思维方法提供一定的基础，扩大创新思维的活动空间，且有利于信息的储存和检索。

（4）逆向思维方法，即通过“反其道而思之”，让思维向对立面的方向发展，从其个问题的相反面深入地进行探索、挖掘，树立新思想，寻找新方案的方法。人们往往习惯于沿着事物发展的正面方向去思考问题并寻求解决办法，但是，对于某些特殊问题，从结论往回推，反过来思考，或许会简单化。逆向思维具有很多表现形式，如原理逆向、功能逆向、条件逆向、方向逆向、过程逆向等。

（5）直觉思维方法，即对一个问题不经过逐步逻辑性分析程序，而是依靠灵感或顿悟迅速理解并做出猜想、判断和结论的思维方法。直觉思维，基于对研究对象的整体把握，在思维主体还没有意识到自己思维过程的情况下，就找到结果，是一种潜意识的领悟性思维活动，具有直接性、敏捷性、跳跃性等特点。

（6）灵感思维方法，即指人们在解决某个问题的过程中突然涌现、迸发出一种领悟或理解，使问题得到解决的思维过程和方法。灵感是大脑的一种特殊技能，是思维发展到高级阶段的产物，是人脑的一种高级感知能力，会产生从未有过的新思想、新念头、新方案等。灵感思维产生于大脑对接收到的信息的再加工，储存在大脑中沉睡的潜意识被激发，即凭直觉领悟出事物的本质，具有偶然性、突发性、创造性等特点。

发展创新思维的一些练习活动如下。

1. 挑战传统思维

常规思维方式对于每日常规工作是好的，因为你在处理这些每日常规工作的时候，不需要动脑筋，也不需要花费精力去思考处理流程。例如，你每天都走同样的路上班，逐渐地，你就不需思考，沿着惯常路线走即可。但是，如果你突然有了任务，需要你选择不一样的路线，那你就必须关注且知道你需要选择的方向。如果你的思维稍有溜号儿，你就会不知不觉地又回到了常规的路径上。

如果你想要在解决问题的过程中锻炼你的创新思维，你就必须避开传统思维，这可以通过强迫大脑寻找新的路线来实现，这个练习可以以小组合作或个人练习的形式开展。

练习活动举例说明：列出 10 个互不相关的词语，并把它们都写在卡片上。然后把这些卡片翻过去，打乱洗牌。接着，随机挑选两张卡片并阅读上面的词语。然后说出这两个互不相关的词语的一个关系或者一个故事。这个活动将会帮助你在思考过程中形成一个非常规的思维路子，让我们的大脑在完全不相关的A和B中发现联系它们的新路径，从而强化创新思维。

2. 其他用途

每天找出 5～10 个不同的物品，试着找出这些物品的新用途。这些用途可以是不同寻常的，你可以根据自己意愿想找多少就找多少。这个练习会强化你的思维过程，抹除或忽略那些你已经熟知的用途，从新颖的角度来看你所熟悉的事物。

练习活动举例说明：列举出矿泉水/可乐瓶的用途（越多越好）。

3. 形状与认知

这个练习将会帮助你提高从不同的角度来看待事物的能力。每个人准备一张卡片，卡片上有三种图形，这三种图形可以很简单，例如圆圈、六边形或者三角形等。然后用一种不同于以往的方法来描述这些图形。例如，一个人可以把圆圈描述为球、太阳或者月亮。这个练习的主旨在于改变我们认知事物的角度，发展我们的创新能力，从不同角度描述事物。

4. 组词或者反义词

组词，即随机挑选一个字，加上一个字，与刚才给出的那个字组成一个词语。你可以拓展这个活动，如反义词，罗列出一些随机挑选的词语，例如：丑、晚上、向下等，然后写下你能想到的反义词，尽可能多地写。这个练习可以确保学生能够从不寻常的角度寻找答案。

5. 自己动手

每个组 3～5 个人，给每组一根长长的金属线，金属线可以随意弯曲，让组员用这个金属线做出一些有创意的东西，如一件工具。此练习用的金属线也可以换作其他不同的物品。

6. 音乐故事

练习活动举例说明：播放一段不为人熟悉的音乐（古音乐或轻音乐），眼睛闭起来，听音乐，并试着从脑海中想象出故事，这个故事要能够解读这段音乐中所传递的情感。

学生活动七：独立阅读训练创新思维的方法并记录重点。

学生活动八：配合教师选择的任一上述训练创新思维的活动，动脑或动手操作练习，并记录心得。

____

____

____

____

学生活动九：联想之前用的头脑风暴方法，独立总结出使用头脑风暴的原则有哪些。

____

____

____

____

【学习目标四】知识解析：头脑风暴

一、头脑风暴的组织形式

小组人数一般为10～15人（课堂教学也可以班为单位），最好由不同专业学生或不同岗位人员组成；时间一般为20～60分钟；设主持人一名，主持人只主持会议，对观点不作评论；设记录员1～2人，要求其认真将参会人员每一观点，不论质量如何，都完整地记录下来。

二、头脑风暴的会前准备工作

首先，明确主题：会议主题提前告知参会人员，让其有一定准备；其次，选好主持人：主持人要熟悉并掌握头脑风暴方法的要点和操作要素；再次，参与者要有一定的训练基础：懂得该会议提倡的原则和方法，会议前可对缺乏创新锻炼者进行打破常规思考和转变思维角度的训练活动，以减少思维惯性，使其以饱满的创造热情投入到头脑风暴活动中。

三、头脑风暴工具的使用原则

（1）延迟评判原则。必须坚持当场不对任何观点做出评价的原则，既不能肯定某个观点，又不能否定某个观点，也不能对某个观点发表评论性的意见。一切评价和判断都要延迟到会议结束以后才能进行，这样做一方面可避免影响参会人员的积极思维；另一方面可以集中精力先开发收集观点，避免影响创新观点的言论产生。

（2）自由畅想原则。创造一种自由、活跃的气氛，鼓励参会者不受任何限制，放松思想，让思维自由驰骋，从不同角度、不同层次大胆地展开想象，尽可能地标新立异，与众不同，提出独创性的想法。这是头脑风暴法的关键。

（3）以量求质原则。头脑风暴会议的目标是获得尽可能多的观点，追求数量是它的首要任务。参加会议的每个人都要抓紧时间多思考，多提想法，想法越多，产生好观点的可能性越大，这是获得高质量创新想法的条件。至于设想的质量问题，可留到会议后的处理阶段去解决。

（4）综合改善原则。探索取长补短和改进完善的办法，鼓励参会人员对他人已经提出的观点和想法进行补充、改进、创新和综合，强调相互启发、相互补充和相互完善，这是头脑风暴法成功的标志。

学生活动十：以小组讨论的形式完成下列任务。

任务要求如下。

（1）选定主持人和记录员，组织头脑风暴会议：针对教室的缺点，提出改进方案。

（2）根据改进方案制作出改进后的教室模型（制作模型作为课后作业，并在下次课的前 10 分钟课堂展示）。

学生活动十一：跟着教师的思路，对前面学习过的内容展开复习。

学生活动十二：逐步回答教师的问题，说出思维导图的作用及优点。

【学习目标五】知识解析：思维导图

思维导图又叫脑力激荡图，是表达发散性思维的图形思维工具，是一种将思维形象化的方法，它简单却很有效，是一种实用性的思维工具（图 2-2）。思维导图运用图文并重的技巧，把各级主题的关系用相互隶属与相关的层级图表现出来，把主题关键词与图像、颜色等建立记忆链接。思维导图充分运用左右脑的机能，利用记忆、阅读、思维的规律，协助人们在科学与艺术、逻辑与想象之间平衡发展，从而开启人类大脑的无限潜能。

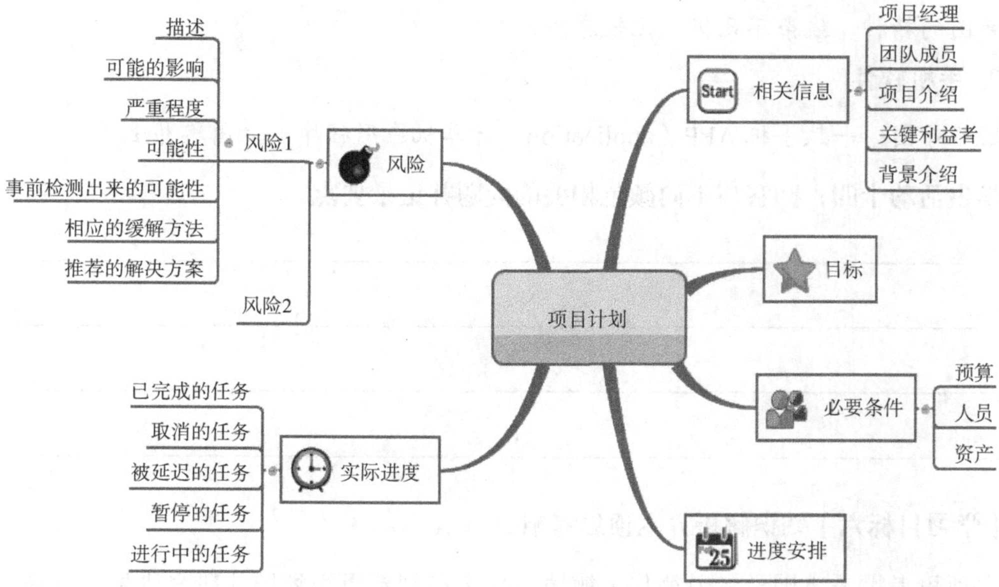

图 2-2　思维导图

思维导图有如下四个作用：①发散思维。当我们处理某件事情、某项工作感觉到思维受限的时候，思维导图是一种可以很好地突破思维局限的工具，帮助我们顺着某一个主题无限联想，拓展思路，发散思维。②整理思路。有时候我们对于学习的内容、讨论的话题感到千头万绪，思维导图可以帮助我们系统地梳理知识，有逻辑地整理思绪。③挖掘创意。思维导图还可以帮助我们就某个话题和创意进一步深挖、垂直思考，将我们头脑中的创意变成可被执行的创造力。④强化记忆。在我们学习、阅读和开会等很多场合，用思维导图的工具记录、勾画重点，也可以强化我们的记忆。

学生活动十三：每个人针对“互联网+”这一主题展开思维导图。

知识拓展

除了手绘，也可以用软件进行工作梳理、沟通等，推荐以下几款思维导图软件供同学们使用。

1. 电脑软件

XMind：既可以画思维导图，也可以画鱼骨图。
FreeMind：功能和画面比较简单。
iMindMap：东尼博赞发明，使用上比较接近

温馨提示

在掌握运用软件绘制思维导图前，建议大家掌握手绘思维导图，因为手绘可以更大限度地激发我们的大脑，加深记忆。

思维导图的精神，线条不死板，比较漂亮。

2. 手机软件

思维导图：一款手机 APP（application，计算机应用程序），简单易上手。

学生活动十四：回答与不同颜色相关的问题并记录要点。

____

____

____

____

【学习目标六】知识解析：六顶思考帽[①]

六顶思考帽是英国学者爱德华·德博诺博士在创新思维领域的研究成果，它是一种思维训练模式，也是一个全面思考问题的模型。它提供了“平行思维”的工具，避免将时间浪费在互相争执上，它寻求一条向前发展的路，而不是争论谁对谁错。运用爱德华·德博诺的六顶思考帽，混乱的思考会变得清晰，团体中无意义的争论会变成集思广益的创造，每个人变得富有创造性。

六顶思考帽，是指使用 6 个号码的帽子代表 6 种不同的思维模式。任何人都有能力使用以下 6 种基本思维模式（图 2-3）。

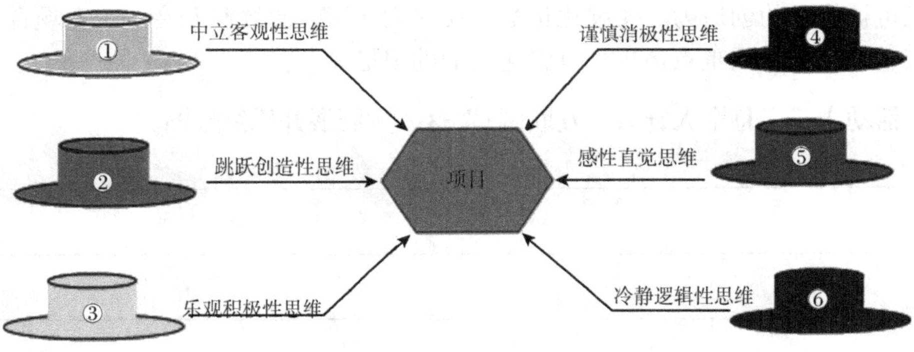

图 2-3　六顶思考帽

（1）1 号思考帽：代表中立客观性思维。戴上 1 号思考帽，人们关注的是客观的事实和证据。

（2）2 号思考帽：代表跳跃创造性思维。戴上 2 号思考帽，人们关注的是创造性思考、求异思维等。

（3）3 号思考帽：代表乐观积极性思维。戴上 3 号思考帽，人们可以从正面考虑问

① 本内容参考了英国学者爱德华·德博诺博士开发的“六顶思考帽”思维训练模式。本文以序号的形式代替原著中相应的帽子颜色。其中，1号代表白色思考帽；2号代表绿色思考帽；3号代表黄色思考帽；4号代表黑色思考帽；5号代表红色思考帽；6号代表蓝色思考帽。

题，表达乐观的、建设性的观点。

（4）4 号思考帽：代表谨慎消极性思维。戴上 4 号思考帽，人们可以合乎逻辑地进行批判，尽情发表负面的意见。

（5）5 号思考帽：代表感性直觉思维。戴上 5 号思考帽，人们可以表现自己的情绪，还可以表达直觉、感受、预感等方面的看法。

（6）6 号思考帽：代表冷静逻辑性思维。戴上 6 号思考帽，人们可以负责控制和管理整个思维过程，并做出结论。

六顶思考帽是一个操作简单的平行思维工具、创新思维工具，也是人际沟通的操作框架，更是提高团队智商的有效训练方法。这个工具的主要作用如下：帮助人们提出建设性的观点；帮助人们聆听别人的观点；帮助人们从不同角度思考同一个问题，从而创造高效能的解决方案；帮助人们用“平行思维”取代批判式思维和垂直思维；提高团队成员集思广益的能力，为统合综效提供操作工具。六顶思考帽给人以热情、勇气和创造力，让每一次会议、每一次讨论、每一份报告、每一个决策都充满新意和生命力。

在会议、讨论、报告等场合，使用六顶思考帽进行思考，可参照以下应用顺序：①陈述问题（1 号思考帽）。运用“1 号思考帽”来思考、收集各环节的信息，了解现实中存在的客观问题，找到基础信息和数据。②提出解决问题的方案（2 号思考帽）。戴上“2 号思考帽”，用创新的思维来考虑这些问题，不是一个人思考，而是所有参与人员都用创新的思维去思考，大家提出各自解决问题的办法、好的建议、好的措施。也许这些方法不对，甚至无法实施。但是，运用创新的思考方式就是要跳出一般的思考模式。③评估该方案的优点（3 号思考帽）。④列举该方案的缺点（4 号思考帽）。对所有的想法分别从好的方面和坏的方面逐一进行分析，找出最佳切合点。⑤对该方案进行直觉判断（5 号思考帽）。从经验、直觉上，对已经过滤的问题进行分析、筛选，做出决定。⑥总结陈述，做出决策（6 号思考帽）。随时运用“6 号思考帽”，对思考的顺序进行调整和控制甚至有时要暂停思考。因为，观点可能是正确的，也可能会进入死胡同。所以，在整个思考过程中，应随时调换思考帽，进行不同角度的分析和讨论。

六顶思考帽思考特征及常见问题见表 2-1。

表 2-1　六顶思考帽思考特征和常见问题

帽子序号	象征	思考特征	常见问题
1 号思考帽	中立客观性思维	客观的事实和证据	• 我们掌握哪些信息资料？ • 我们缺乏哪些信息、资料？ • 我们如何获取所需的信息、资料？
2 号思考帽	跳跃创造力思维	创意的思考、新的想法	• 有什么新计划与建议？ • 有什么新构想？ • 有什么新的替代方案？
3 号思考帽	乐观积极性思维	乐观、希望、正面的思考、建设性、机会	• 有什么利益功能？ • 为何说它有利益或功能？ • 为什么这是可行的呢？

续表

帽子序号	象征	思考特征	常见问题
4号思考帽	谨慎消极性思维	负面判断、负面因素、为什么不能做	• 这是真的、正确的吗？ • 它管用吗？它合适吗？ • 它有危险、风险和困难吗？ • 它符合某种规律或是原理吗？
5号思考帽	感性直觉思维	情绪与感觉、预感与直觉、价值观、缺乏理性	• 你的感觉是什么？ • 你喜欢吗？
6号思考帽	冷静逻辑性思维	控制与组织思考过程、控制其他五种思考帽的使用	• 我们现在进行到哪里？ • 下一步怎么进行？ • 观察与评论 • 思考计划为何

学生活动十五：每个小组用六顶思考帽的思考方法对“互联网+”大学生创新创业进行分析（大白纸、马克笔）。

学习目标检测

（通过提问的方式检测）：

1. 解释创新思维的概念。
2. 解释衡量创新思维的基本维度。

主题三　创业机会的识别及创业项目的选择

学习目标

通过本主题的学习，学生将能够：

1. 描述创业机会的特征；
2. 说出创业机会的来源；
3. 陈述创业机会的识别方法；
4. 根据创业项目地图，选择创业项目；
5. 对本组选择的项目做 SWOT[①] 分析。

案例导入

小桔科技的创立

2012 年 6 月，程维从支付宝离职并创立了小桔科技，公司的创业项目是做智能出行的应用滴滴打车。

在程维看来，中国城市交通正在面临困境，现有的出租运力无法满足日益增长的庞大需求，而移动互联网的技术和模式，将人与人、人与车的信息快速联结，可以大大提高出租车等交通工具的运行效率，解决城市交通之困。

作为一家移动互联网公司的创始人，程维在创业之初，就做出"反其道而行之"的战略——以线下驱动为首要策略——通过"地推团队"邀请并帮助出租车安装滴滴打车客户端，迅速建立起了一支庞大的司机队伍，并通过促销等手段激活用户使用滴滴打车。

与此同时，滴滴在线建立了一支强大的技术开发团队，滴滴打车 APP 在短时间内多次进行完善升级，不断推出新的改进版本，这帮助滴滴打车很快成为各大应用分发平台下载排行中的热门软件。

这一独特的战略决策，使滴滴打车仅用不到一年的时间，便成为打车市场中的领先者，并不断得到了资本市场的认可和青睐。

2012 年 12 月，滴滴打车获得了 A 轮金沙江创投 300 万美元的融资；2013 年 4 月，滴滴打车获得了 B 轮腾讯公司 1 500 万美元的融资；2014 年 1 月，滴滴打车获得中信产业基金 6 000 万美元、腾讯 3 000 万美元、其他机构 1 000 万美金共计 1 亿美元的融资，成为首个获得 C 轮融资的打车软件。

资料来源：小桔科技——程维. http://www.jiucaiyuan.net/m/?post=17. 2015-09-12. 内容有删改

① SWOT：S 代表 strengths，优势；W 代表 weaknesses，劣势；O 代表 opportuites，机会；T 代表 threats，威胁。

学生活动一：

（1）讨论滴滴打车这个项目的创新点是什么。

（2）结合上述案例，讨论创业机会有哪些特征。

【学习目标一】知识解析：创业机会的特征

创业机会也称为商业机会或市场机会，主要是指具有较强吸引力的、较为持久的有利于创业的商业机会，创业者据此可以为客户提供有价值的产品或服务，并从中获益。

那么如何判断一个好的商业机会呢？《21 世纪创业》的作者杰夫里·A. 第莫斯教授提出，好的商业机会有以下四个特征。

（1）它很能吸引顾客。

（2）它在你的商业环境中行得通。

（3）它必须在机会之窗存在的期间被实施。所谓机会之窗，是指将商业想法推广到市场上去所花费的时间，若竞争者已经有了同样的想法，并已把相关产品推向市场，那么机会之窗也就关闭了。

（4）你必须有资源（人、财、物、信息、时间）和技能才能创立业务。

学生活动二：

（1）观看视频“新时代的中国高铁”，记笔记，思考创业机会的来源有哪些。

（2）小组讨论创业机会的来源有哪些。

案例视频：新时代的中国高铁

【学习目标二】知识解析：创业机会的来源

很多创业者苦于找不到好的创业项目，而在这之前，我们应该了解创业机会在哪里。创业机会有以下几个来源。

一、市场需求

创业的根本目的是满足顾客需求并从中获利。而顾客需求在没有被满足时就是存在的问题，问题即痛点。我们要培养敏锐的市场嗅觉和眼光，善于去发现自己和他人在生活中的不便之处，抓住市场需求的痛点。如 ofo 共享单车 CEO（chief executive officer，首席执行官）戴威，他的创业灵感源于两点：一是在他 4 年的大学本科生活里丢了 5 辆自行车，且都是价值一两千元的山地车；二是生活中常存在“最后一两公里”的问题。根据这两个痛点，他把自行车做成共享模式。

二、变化

创业的机会大都产生于不断变化的市场环境，环境变化了，市场需求、市场结构必然发生变化。这种变化主要来自产业结构的变动、消费结构升级、城市化加速、人们思想观念的变化、政策的变化、人口结构的变化、居民收入水平提高、全球化趋势等诸方面。我们应该做那些能够寻找变化、积极做出反应、并把变化当做机会利用的人。例如，社会和人口因素的变化产生的诸多创业机会有以下几种——妇女解放：家政、月嫂、洗衣、美容；健康养生：健身、素食产品产业、有机动植物培育产业；教育质量：早教、各种兴趣启蒙培训、老年大学；居民收入水平提高：私人轿车的拥有量将不断增加，派生出汽车销售、修理、配件、美容、二手车交易、陪驾、代驾等。

三、技术变革

技术变革提供了新产品、新服务，更好地满足顾客需求，同时也带来了创业机会。如随着电脑和移动互联网的诞生，软件开发、网络学校、网上开店等创业机会出现。即使我们不是发明和创造新产品、新服务的人，也能成为销售和推广者，从而洞察商机，赚取利益。例如，新技术代替旧技术，如数码相机代替胶卷相机，智能手机代替非智能手机等实现新功能、创造新产品的新技术出现，如互联网络的产生，使得网店、网校、分享经济模式等产生，这些技术变革都带来了创业机会。

四、竞争

看看你周围的、你正在使用的产品或服务，如果你能提供比竞争对手更快、更安全、更可靠、更优质的产品或服务，那么你就找到了好的创业机会。

学生活动三：

（1）通过复习“创业机会的来源”相关知识，独立列举出创业机会的识别方法。

（2）独立阅读教材中“创业机会的识别方法”部分并记笔记。

____

____

____

【学习目标三】知识解析：创业机会的识别方法

创业需要机会，机会需要识别和发现。如何识别创业机会是创业者首先要解决的问题。结合以上总结的创业机会的来源，我们可知：好的创业机会，必然具有特定的市场定位，专注于满足客户需求，同时能为顾客带来增值的效果。识别创业机会的方法有以下几种。

一、问题中识别机会

人们生活中存在的问题就是市场的痛点，许多成功的企业都是从解决问题起步的。这里的问题，就是指现实与理想的差距，消费者需求在没有被满足之前就是问题，设法满足这一需求就抓住了市场机会。

二、变化中识别机会

变化中常常蕴藏着无限商机，许多创业机会产生于不断变化的市场环境。市场环境的变化将带来产业结构的调整、消费结构的升级、思想观念的转变、政府政策的调整、居民收入水平的提高等，人们透过这些变化，就会发现新的机会。

三、新技术中识别机会

世界产业发展的历史和经历证明了：每一个新兴产业的形成和发展都是技术创新的结果。产品或服务的替代和变更，满足了消费者需求的同时，也带来了前所未有的创业机会。

四、市场夹缝中识别机会

创业者不一定要追随大众，而是要克服从众心理和传统习惯性思维的束缚，寻找市场空白点和市场缝隙，从行业或市场在矛盾发展中形成的空白地带把握机会。创业机会存在于为消费者创造价值的产品和服务中，而消费者的需求是有差异的，创业者要善于找出消费者的特殊需要，盯住消费者的个性需要并认真研究其特征，这样就可能发现和把握商机。

五、对手缺陷中识别机会

创业者可追踪、分析和评价竞争对手的产品或者服务，找出现有产品或服务存在的缺陷，有针对性地提出改进的方法，形成创意，并开发具有潜力的新产品或新功能，以期能够出其不意，成功创业。

【学习目标四】理论知识解析：创业项目地图

我们把社会经济各行各业归类为以下七大领域：现代农业、制造业、信息技术服务业、文化创意服务业、商务服务业、公共服务、公益事业。这些行业大类是现在经济技术集中发展的行业，聚集着更多的商机。其中，每个经济领域都可细分为很多业态，不同的业态形式有不同的商业模型，赢利点和价值体现也根据项目的不同而有所差别，如公共服务可分为教育培训、医疗健康、交通和人力资源服务等领域。这些行业和业态，逐步引入了信息技术帮助行业发展，改进和革新业务的使用便利性，通过信息沟通，建立信息流转渠道，方便客户使用新一代的服务，便利地查询、接受服务。新一代的信息技术主要分为以下六种：移动互联网、云计算、大数据、人工智能、物联网、虚拟现实。经济领域中的每一个细分市场都可以借助以上六种信息技术，与某一种或者几种信息技术相结合，形成新的产品或者服务，从而满足或者创造人们新的需求，获取经济价值。当代大学生的创新创业项目应试图做到：将移动互联网、云计算、大数据、人工智能、物联网等新一代信息技术与经济社会各领域紧密结合，培育新产品、新服务、新业态、新模式；发挥互联网在促进产业升级以及信息化和工业化深度融合中的作用，促进制造业、农业、能源、环保等产业转型升级；发挥互联网在社会服务中的作用，创新网络化服务模式，促进互联网与教育、医疗、交通、金融、消费生活等领域深度融合。

以上社会经济的七大领域细分专业或市场与新一代信息技术可组合为一张“互联网+”创新创业项目地图，包含的项目主要包括以下类型：①“互联网+”现代农业，包括农、林、牧、渔等；②“互联网+”制造业，包括智能硬件、先进制造、工业自动化、生物医药、节能环保、新材料、军工等；③“互联网+”信息技术服务，包括人工智能技术、物联网技术、网络空间　安全技术、大数据、云计算、工具软件、社交网络、媒体门户、企业服务等；④“互联网+”文化创意服务，包括广播影视、设计服务、文化艺术、旅游休闲、艺术品交易、广告会展、动漫娱乐、体育竞技等；⑤“互联网+”商务服务，包括电子商务、消费生活、金融、财经法务、房产家居、高效物流等；⑥“互联网+”公共服务，包括教育培训、医疗健康、交通、人力资源服务等；⑦“互联网+”公益创业，即以社会价值为导向的非营利性创业。

“互联网+”创新创业项目地图见表3-1。

表3-1　“互联网+”创新创业项目地图

“互联网+”创新创业项目地图				新一代信息技术					
				移动互联网	云计算	大数据	人工智能	物联网	虚拟现实
经济社会各领域	“互联网+”现代农业	1	农						
	“互联网+”	2	林						
	“互联网+”	3	牧						
	“互联网+”	4	渔						
	“互联网+”制造业	5	智能硬件						
	“互联网+”	6	先进制造						
	“互联网+”	7	工业自动化						
	“互联网+”	8	生物医药						
	“互联网+”	9	节能环保						

续表

“互联网+”创新创业项目地图				新一代信息技术					
				移动互联网	云计算	大数据	人工智能	物联网	虚拟现实
经济社会各领域	“互联网+”	10	新材料						
	“互联网+”	11	军工						
	“互联网+”信息技术服务	12	工具软件						
	“互联网+”	13	社交网络						
	“互联网+”	14	媒体门户						
	“互联网+”	15	企业服务						
	“互联网+”文化创意服务	16	广播影视						
	“互联网+”	17	设计服务						
	“互联网+”	18	文化艺术						
	“互联网+”	19	旅游休闲						
	“互联网+”	20	艺术品交易						
	“互联网+”	21	广告会展						
	“互联网+”	22	动漫娱乐						
	“互联网+”	23	体育竞技						
	“互联网+”商务服务	24	电子商务						
	“互联网+”	25	消费生活						
	“互联网+”	26	金融						
	“互联网+”	27	财经法务						
	“互联网+”	28	房产家居						
	“互联网+”	29	高效物流						
	“互联网+”公共服务	30	教育培训						
	“互联网+”	31	医疗健康						
	“互联网+”	32	交通						
	“互联网+”	33	人力资源服务						
	“互联网+”公益创业	34	公益创业						

注：此项目地图与全国“互联网+”大学生创新创业大赛涵盖的项目类型一致。

案例一

美团外卖：“互联网+服务”模式引领行业发展

互联网时代，外卖 O2O（online to offcine，线上到线下）迎来了蓬勃发展的春天。以美团外卖为代表的外卖平台的出现，给人们的日常生活带来了极大的便利，用户只需在手机上安装 APP，足不出户就可以享受送货上门的美好生活。美团外卖自 2013 年年底正式上线以来，一直坚持“用户体验至上”的价值理念，凭借雄厚的综合实力，成为国内最大的外卖 O2O 平台。

美团外卖改变用户习惯，享受“互联网+”服务

以往人们订餐，只能打电话，逛超市只能亲自出门，如今通过手机下单，由专业的配送员送货上门，不但省时省力，还能享受首单特价、红包抵现、满减优惠等多重福利。购物流程得到简化，购物时间被大幅节省，让用户轻松享受到了新业态带来的便捷生活体验。随着外卖 O2O 的快速发展，服务种类也愈发丰富与完善。以美团外卖为例，除了常见的订餐以外，还包括商超、水果、甜点饮品和鲜花蛋糕等服务，更大程度满足了用户的多方位需求。

美团外卖大数据解读用户消费行为

在改变消费者生活方式的同时，美团外卖大数据也提供了了解用户消费行为的窗口。2016 年年初，美团外卖发布大数据，对国内不同城市用户进行了外卖消费习惯的分析：如北京用户凭借鲜花蛋糕销量最高，稳坐“最浪漫城市”的宝座；在饮食方面以甜食为主的上海，当之无愧获得“最甜蜜”的城市头衔……通过美团外卖一系列的数据分析，各大城市的外卖消费特点得以更加直观地呈现在大众面前。

助力传统商户“互联网+”转型

外卖平台也在不断助推着传统商户的“互联网+”转型。生活状态改变了市场需求，而市场需求倒逼商家服务升级，迎合消费市场。传统商家与外卖平台合作之后，拓宽了销售渠道，创造了更高的业务销量。同时，凭借外卖平台的后台系统，商家还可以对业务进行精细化管理，可谓一举多得。

资料来源：商州东子的博客.美团外卖：“互联网+服务”模式引领行业发展. http://blog.sina.com.cn/s/blog_516a5cee0102w7k4.html.2016-02-27. 内容有删改

案例二

我国互联网医疗发展模式及典型案例

“互联网+医疗”改变了只能去医院看病的模式，“随时随地轻松问诊”成为现实。未来在线医疗服务、可穿戴设备以及医院信息化将是移动医疗发展的三大重点领域，本案例以医院信息化（云医院）为例。

所谓“云医院”，是指利用大数据、云计算、物联网、移动互联网以及传感器技术来实现网上诊疗、健康教育及干预等功能的远程医疗服务与协作平台，是虚拟医院。通过与线下实体医院的业务联动，实现门诊、住院、检查、体检的预约服务，并针对特定人群、特定病种实现规定范围内的网上诊疗活动。

宁波云医院于 2015 年 3 月 11 日正式启动运营，是中国首家线上云医院。作为网络和实体相结合的“医联体”，宁波云医院可以为居民提供健康管理、慢性病管理、分级诊疗、双向转诊、协同医疗等全流程服务。宁波云医院的建设和运营，按照“政府主导、多方参与、市场化运作”的原则，打造了一个开放的平台，各大医院、基层医疗机构、专科医生、社区医生以及第三方机构，包括药店、保险公司等都可进入平台，展开合作。

互联网助力云医院的渠道：一是网络管理个人健康档案。医院为每一位用户打造专属的个人网络健康档案，实现个人网络健康档案与规范化管理，居民电子健康档案的实时归并，满足用户跨区域、医疗机构就医的诊疗信息共享需要。居民（患者）在网上实名注册，如果是宁波本地居民，平台将自动关联其电子健康档案，患者可以自由选择医生并授权该医生调阅本人电子健康档案。二是网络导诊和预约诊疗。宁波云医院提供有智能导诊软件，根据患者提供的病况、上传的健康数据和关联的诊疗信息，云医院专业团队按“分级诊疗”理念，为患者提供线上医生和诊室导诊服务及线下实体医院专家和诊疗项目预约服务。三是网上门诊（复诊）。宁波云医院通过开设云诊室，提供网上诊疗服务。如糖尿病云诊室为就诊者提供糖尿病诊疗咨询、糖尿病控制评估和糖尿病管理等服务，以及糖尿病患者的网上复诊、处方和药物配送服务。四是转诊和远程医疗。根据患者疾病状况提供云医院与线下实体医院、社区医院与实体大医院间的双向转诊服务。根据用户的需求，开展远程医学影像诊断、远程病理诊断、远程专家会诊等远程医疗服务。五是网络健康知识指导与咨询。不定期地邀请相关专家撰写稿件、录制视频，构建健康管理知识系统，并实现个性化推送服务，提供网页咨询、语音咨询以及电话咨询服务。

资料来源：河南省财政厅政策研究室. 我国互联网医疗发展模式及典型案例. http://www.hncz.gov.cn/2016/0517/522.html.2016-05-17. 内容有删改

学生活动四：

（1）独立阅读上述“互联网+”创新创业项目地图内容，并识别案例一、案例二分别属于地图中哪种创业路径。

____

____

____

____

（2）独立练习：根据“互联网+”创新创业项目地图，选择自己中意的创业项目。

____

____

____

____

（3）小组讨论：小组成员之间轮流针分享自己所选项目并选择组内最佳创业项目。

____

____

____

学生活动五：每个小组“CEO”针对本组项目进行分享，其他小组成员提出问题，并给出建议。

【学习目标五】知识解析：对项目做SWOT分析

初步选择好创业项目之后，我们要对项目的可实施性进行SWOT分析。SWOT分析方法是一种企业内部分析方法，根据企业自身的既定内在条件进行分析，找出企业的优势、劣势及核心竞争力之所在，从而将公司的战略与公司内部资源、外部环境有机结合。S代表strength（优势），W代表weakness（劣势），O代表opportunity（机会），T代表threat（威胁），其中，S、W是内部因素，O、T是外部因素。按照企业竞争战略的完整概念，战略应是一个企业“能够做的”（即组织的优势和劣势）和“可能做的”（即环境的机会和威胁）之间的有机组合。

SWOT分析步骤如下：①罗列企业的优势和劣势，可能的机会与威胁。②优势、劣势与机会、威胁相组合，形成SO、ST、WO、WT策略。③对SO、ST、WO、WT策略进行甄别和选择，确定企业目前应该采取的具体战略与策略。

案例一

沃尔玛（Walmart）SWOT分析

1. 优势（strengths）

沃尔玛是著名的零售业品牌，它以物美价廉、货物繁多和一站式购物而闻名。沃尔玛的销售额在近年内有明显增长，并且在全球范围内进行扩张（例如，它收购了英国的零售商ASDA）。

沃尔玛的一个核心竞争力是由先进的信息技术所支持的国际化物流系统。在该系统支持下，每一件商品在全国范围内的每一间卖场的运输、销售、储存等物流信息都可以清晰被查到。信息技术也优化了沃尔玛的采购过程，使之更加高效快捷。

沃尔玛的一个焦点战略是人力资源的开发和管理。优秀的人才是沃尔玛在商业上成功的关键因素，为此沃尔玛投入时间和金钱对优秀员工进行培训并使其建立忠诚度。

2. 劣势（weaknesses）

沃尔玛建立了世界上最大的食品零售帝国，其业务范围极广，尽管它在信息技术上拥有优势，但仍可能对某些领域的控制力不够强。

沃尔玛的商品涵盖了服装、食品等多个部门，它可能在适应性上比起专注于某一领域的竞争对手存在劣势。

该公司是全球化的，但是目前只开拓了少数几个国家的市场。

3. 机会（opportunities）

采取收购、合并或者战略联盟的方式与其他国际零售商合作，专注于欧洲或者大中华区等特定市场。

沃尔玛的卖场当前只开设在少数几个国家内。因此，拓展市场（如中国、印度）可以带来大量的机会。

沃尔玛可以通过新的商场地点和商场形式来获得市场开发的机会。更接近消费者的商场和建立在购物中心内部的商店可以使经营方式变得多样化。

沃尔玛的机会存在于对现有大型超市战略的坚持。

4. 威胁（threats）

沃尔玛在零售业的领头羊地位使其成为所有竞争对手的赶超目标。

沃尔玛的全球化战略使其可能在其业务国家遇到政治上的问题。

多种消费品的成本趋向下降，因为制造成本降低，而制造成本降低的主要原因是生产外包给了低成本地区。这导致了价格竞争，并在一些领域内造成了通货紧缩。恶性价格竞争是一个威胁。

资料来源：佚名. 沃尔玛（wal-mart）swot 分析案例. 豆丁网. http: //www. docin. com/p-1104948585. html.2018-10-26

案例二

针对 ofo 小黄车的 SWOT 分析

1. 优势（strengths）

1）内部优势

ofo 小黄车作为行业的开创者，具有市场占有率优势。ofo 小黄车在投放市场之后，由于市场上没有竞争对手，在没有其他选择的情况下，大部分用户会直观地将共享单车和小黄车联系起来，开始建立使用习惯，在出现竞争对手之后，普通用户会优先考虑使用已经较为放心的产品，性格保守的用户将会坚持以往的使用习惯，而只有少部分用户会选择尝试新鲜事物。同时，若投资者发现了 ofo 小黄车行业上升潜力，便会优先进行投资，ofo 小黄车便会优先落实后续的扩张和发展计划。

经过多轮融资，ofo 小黄车具备资金优势。从项目上线前的天使轮融资至今，ofo 小黄车共完成 10 轮融资，总规模近 100 亿元人民币，其中包括于 2017 年 7 月 6 日完成的国内同行业最大的 7 亿美元 E 轮融资。公司在成长期可以用所获投资来铺货、维护以及宣传，进而维持市场地位，保持竞争优势，以及保证不断地创新及改进产品。

ofo 小黄车具备投放量优势。小黄车已经投放至全球多个国家 180 多个城市，根据比达咨询发布的《2016 中国共享单车市场研究报告》的数据，截至 2017 年 3 月，小黄车在投放数量上达到摩拜单车的1.6倍，为用户的出行提供了便利。

2）外部优势

跟私家汽车、公共交通等其他出行方式相比，共享单车在中短距离出行上更加便利。一方面，其可达目的地更丰富；另一方面，由于共享单车停放方便，在投放量足够大时，通过租车人的自由流动，共享单车可遍布高频用车地点。

共享单车还具有价格低廉的优势。在使用共享单车时，仅需支付99～299元的押金，每次使用半小时仅需1元。相比于出租车等其他交通工具而言，共享单车具有极高的价格优势。此外，小黄车公司通过与支付宝旗下芝麻信用合作，推出信用免押金服务，进一步降低了出行成本。

2. 劣势（weaknesses）

1）内部劣势

ofo小黄车投放数量和地点匹配不甚合理。根据艾瑞咨询的《2017年中国共享单车行业研究报告》，用户对ofo共享单车需求排第一名的是“合理配置车辆投放地点和数量”，即小黄车在投放环节对于数据研究并不充分。经常出现在个别地点过量投放车辆，但是使用率并不够高，大量车辆闲置堆积，甚至影响正常的公路及行人交通，例如，北京市四惠东地铁换乘站附近集中投放的车辆，占用大量机动车及人行道路，加剧交通拥堵，但使用率很低。

ofo小黄车技术含量相对较低。ofo小黄车目前在市面投放的大部分早期车型仍为无GPS定位、使用手动机械密码锁的配置，而其他主要竞争对手车型皆为GPS定位+智能扫码锁的配置。其中GPS定位系统可方便用户对车辆进行精准定位，更加方便取用，也更有利于企业的运营和维护。机械密码锁的缺点则很明显，机械密码锁使用单一密码，容易遭到破解，同时结构简单，锁体本身或者二维码同样容易遭到破坏，给用户带来了不便。

2）外部劣势

共享单车的使用受天气状况影响很大。共享单车使用场景集中于天气暖和、晴朗并且空气质量良好的时间段。但以北京为例，冬季长期的雾霾天气和夏秋季的下雨天必定会导致ofo小黄车的使用率大幅降低。

3. 机遇（opportunities）

（1）对于私家车和公共交通停车后仍因为各种因素无法到达目的地的问题。人们普遍的解决方式是选择效率不高的步行或者黑出租、黑摩的等不可靠也不经济的方式。为了解决这个问题，各地政府不断改善交通网络及道路问题，而共享单车方便取用、灵活通行，使得其在交通方面显得尤为高效，因此获得了国家和地方政府的大力支持，《国务院关于城市优先发展公共交通的指导意见》《关于鼓励规范互联网自行车服务的若干意见（征求意见稿）》《关于推广运用政府和社会资本合作模式有关问题的通知》等支持性文件陆续颁布。社会对于绿色出行的需求也极大地推动了共享单车的发展。在我国很多地方，尤其北方大部分城市，空气问题严重，成为社会核心问题之一。机动车辆涉及的空气污染，包括内燃机车直接排放的尾气，以及生产车辆所需能源时产生的污染，是空气污染比较重要的来源之一。人力自行车是最绿色环保的出行方式之一，而共享单车为人们使用自行车出行提供了极大便利。

（2）我国智能手机保有量和渗透率不断提高。我国居民智能手机保有量逐年提高，2016 年已超过 10 亿台，且手机使用的渗透率达到 80%以上，为将智能手机作为操作终端的共享单车提供了合适的平台。

4. 威胁（threats）

1）共享行业同质化严重

自从 ofo 小黄车投入市场以来，共享单车行业吸引了大量投资，其本质都是借助互联网实现自行车共享租赁的 B2C（business-to-customer，企业对用户）模式，同时市场上绝大多数车辆为外包生产，产品同质化也较为严重。

2）用户对单车价格较为敏感

数据表明，使用共享单车的主要用户为学生以及年轻的白领，他们受限于自身经济能力，价格发生变动时，在产品同质化严重的前提下，会随时选择其他公司共享单车甚至其他出行模式，这限制了行业服务费的提价能力，故而共享单车企业较难从用户方面直接获得大量利润。

国家政策限制共享单车投放量。由于在特殊地点过量地投放共享单车，造成交通以及市容方面的负面影响，各地政府陆续出台文件限制共享单车投放数量，而小黄车以数量取胜，这些政策出台后，小黄车无论是营销效果还是使用便利性都会受到影响。

资料来源：佚名. 基于 SWOT 的 ofo 小黄车竞争战略分析. 中国论文网. https://www.xzbu.com/2/view-10111561.htm. 2018-10-26. 内容有删改

学生活动六：阅读关于 SWOT 分析理论部分及案例，每个小组针对自己组的项目进行 SWOT 分析。

学习目标检测

（通过提问的方式检测）：

1. 描述创业机会的特征。
2. 简述创业机会的来源。
3. 什么是 SWOT 分析？

主题四　创业团队的组建

学习目标

通过本主题的学习，学生将能够：

1. 总结创业者应具备的特质；
2. 解释创业团队人员的组成；
3. 解释创业团队组建的基本要素；
4. 解释创业团队组建的基本原则；
5. 根据项目及性格测试，组建创业团队并分配职责；
6. 陈述创业团队管理的技巧与策略。

问题导入：

（1）你最崇拜的创业者是谁？

（2）你为什么崇拜他？

（3）你认为他身上具备哪些特质？

学生活动一：分享自己最喜欢的创业者故事，总结出创业者应具备的基本素质。

【学习目标一】知识解析：创业者应具备的特质

我国《科学投资》杂志在研究了国内上千例创业者的案例后指出，“中国成功创业者的十大素质”是：欲望、忍耐、眼界、明势、敏感、人脉、谋略、胆量、与他人共享的愿望、自我反省的能力。创业者应具备一些基本素质，如创新思维素质、经济与管理素后、法律意识和素质、道德修养与心理素质等。而成功的创业者还应具备如下特质。

1. 领导力

成功的创业者是自我进步的激发者，有高度的内在控制力；无须凭借正式权力就能向他人施加影响，传递正能量；能够勾勒出团队的前景和蓝图，并进行部署、规划和管理；能够很好地协调企业内部与顾客、供应商、债权人、合伙人等的关系。成功的创业者之间相互支持、互相扶持，而不仅仅是竞争；与成功的创业者一起共事，共同分享的是精神、成功与财富。

2. 热情和责任感

创业者是企业的核心和凝聚力之所在，他对事业的热情、对个人价值的追求必会感染企业的职员，从而将各项工作搞得有声有色。同时，只有拥有强烈的责任感和使命感，才能使创业者无论遇到什么样的困难，都有完成事业的决心。

3. 执着于商机

成功的创业者都有着敏锐的商业眼光，会为商机着迷，他们的目标是寻求并抓住商机，积累自身资源，创造财富价值。他们对其行业、客户和面临的竞争十分熟悉，执着于商机使得他们能够走在该领域的前沿。

4. 积极性和创造性

做任何一项工作，都需要积极性和创造性，创业尤其如此。在创业过程中，没有人会给创业者部署安排，没有人会给创业者决策计划，面临困难、问题、危机，成功的创业者会积极去寻求解决方案和途径。成功的创业者具有创造性的精神，他们不断发挥自己的潜能，打破各种条条框框，开创新的局面。

5. 对风险、模糊性和不确定性的容忍度

创业，一定伴随着风险、模糊性和不确定性。成功的创业者一定有着异于常人的心胸和气度，有担当，敢于承担风险和失败。他们会对创业机会进行仔细而周全的分析，整合一切有利资源，尽最大能力让各种可能事件朝着有利于他们的方向发展。

6. 拥抱变化，团队合作

成功的创业者，首先一定是创新者或者最先接受新事物和变化的人。任何成功的创业者和企业都要在日新月异的变化中求生存，求发展。干事创业，团队精神必不可少，成功的创业者一定是创业团队中优秀的管理者、协调者和配合者。

7. 客户第一，诚信

诚信是做人之本，亦是创业经商之本。成功的创业者定将客户的感受、体验和利益放在第一位，把所有的心思都花在产品和服务的开发上；致力于研发出有温度、接地气的产品和服务；根据客户的需求提升服务和产品质量。

8. 自信心和坚持力

对于创业，成功的自信是首要的。不怕失败，对自己及所做的事情抱有十足的信心和信念，坚定不移地执行下去，是创业者成功的第一步。

拓展阅读

史玉柱的四个火枪手与马云的十八罗汉

无论公司陷入何种困境，史玉柱、马云的核心成员都会选择追随：史玉柱二次创业初期，很长一段时间里，员工连工资都没得领，人员流失率较高，但是有四个人始终不离不弃，他们后来被称为“四个火枪手”。这“四个火枪手”是史玉柱大学时期的“兄弟”：陈国、费拥军、刘伟和程晨。马云创业的时候，初期的50万元起步资金是18名员工一起凑出来的，10年后，这18个人中有做到总裁级的孙彤宇，也有还是经理的麻长炜，没有任何一个人从阿里巴巴流失。

在联想的柳传志看来，领导大致可以划分为两种类型：一种是孔雀型的，以个人魅力取胜；一种是老虎型的，以发号施令树威。从这种分类来看，史玉柱与马云均属孔雀型。无论在外界如何被误解，无论公司陷入如何的困境，追随的人始终没有放弃对他们的信心。

在一些外人眼中，史玉柱带着邪气，在刘伟等内部人看来，史玉柱是个重情重义的人。脑白金战役时，员工们疯狂工作、疯狂加班，史玉柱在员工加班的时候动不动就发上几千元的奖金。陈国不幸遭遇车祸离世，史玉柱连夜从兰州飞回上海，全公司停掉业务给陈国办后事。此后每年清明，史玉柱都会带着公司高层去祭奠。与史玉柱一起爬过珠峰的费拥军，说起追随多年的理由，用的是“亲情”一词。在公司财务困难的时候，程晨甚至会从家里借来钱援助史玉柱。

外人看来有点“忽悠”的马云，对阿里巴巴的“十八罗汉”却是有着不寻常的煽动性。“十八罗汉”之一阿里巴巴副总裁戴珊说：“无论什么时候看到他，你从他眼中看到的都是自信，我一定能赢的信心。你跟他在一起就充满了活力。”刘伟也如此评价史玉柱：“在你绝望的时候能让你看到希望，能跟着走。”

马云与史玉柱都具备领导者的核心特征：提出大家都认同的愿景，并使用有效的激励手段。从创业的第一天起，马云就宣称，阿里巴巴会成为最伟大的电子商务公司，他也让员工相信，公司上市时，会得到更多。公司成立之初，阿里巴巴的员工特别辛苦，待遇也不好。也有人抱怨，表示不要期权，希望多发点工资。马云的解决方案是，“要有信心，我把我的股份稀释点给你们”。1998年，从珠海去无锡的面包车中，史玉柱对20个月没领工资的追随者承诺，将来有了钱，一定会补偿。在他做网络游戏《征途》的时候，他告诉员工们一个梦，说巨人网络将来会上市，其追随者都选择相信，尽管那时候，外人几乎不相信。

资料来源：佚名. 马云的18罗汉与史玉柱的4个火枪手. https：//www.docin com/p-1398672455. html.2018-10-26.内容有删改

学生活动二：阅读以下案例并小组讨论创业团队人员有哪些。

案 例

腾讯创始人马化腾和他的5人创业团队

现任腾讯公司董事会主席兼首席执行官马化腾当年还是深圳大学计算机与软件学院的大学生时，与他的同学张志东“合资”注册了深圳腾讯计算机系统有限公司。之后又吸纳了3位股东：曾李青、许晨晔、陈一丹。这5个创始人的QQ号，分别为10001到10005。

为避免彼此争夺权力，马化腾在创立腾讯之初就和四个伙伴约定清楚：各展所长、各管一摊。马化腾是CEO（首席执行官），张志东是CTO（chief technology officer，首席技术官），曾李青是COO（chief operating officer，首席运营官），许晨晔是CIO（chief information officer，首席信息官），陈一丹是CAO（chief administrative officer，首席行政官）。

之所以认为腾讯的创业五兄弟“难得”，是因为直到2005年，这五人的创业团队还基本保持这样的合作阵形，不离不弃。腾讯做到如今的规模，其中4个还在公司一线，只有COO曾李青挂着终身顾问的虚职而退休。保持稳定的另一个关键因素，就在于搭档之间的“合理组合”。

《中国互联网史》作者林军回忆说：“马化腾非常聪明，但非常固执，注重用户体验，愿意从普通用户的角度去看产品，他的长处是能够把很多事情简单化。张志东是脑袋非常活跃、对技术很沉迷的一个人，张志东更多是把一个事情完美化。而陈一丹是马化腾在深圳中学时的同学，后来也就读深圳大学，他十分严谨，同时又是一个非常张扬的人，他能在不同的状态下激发大家的激情。曾李青是腾讯5个创始人中最好玩、最开放、最具激情和感召力的一个，与温和的马化腾、爱好技术的张志东相比，是另一个类型。其大开大合的性格，也比马化腾更具备攻击性，更像拿主意的人。不过或许正是这一点，也导致他最早脱离了团队，单独创业。”

马化腾在接受多家媒体的联合采访时承认，他最开始也考虑过和张志东、曾李青三个人均分股份的方法，但最后还是采取了5人创业团队，根据分工占据不同股份结构的策略。即便后来有人想加钱，占更大的股份，马化腾还是认为不行，因为“根据我对你能力的判断，你不适合拿更多的股份”。在马化腾看来，未来的潜力要和应有的股份匹配，不匹配就要出问题。如果拿大股的不干事，干事的股份又少，矛盾就会产生。

能够像马化腾这样，既包容又拉拢，选择性格不同、各有特长的人组成一个创业团队，并在成功开拓局面后还能依旧保持着长期默契合作，是很少见的。而马化腾成功之处，就在于其从一开始就很好地设计了创业团队的责、权、利。能力越大，责任越大，权力越大，收益也就越大。

资料来源：陈智刚，罗建华，茹华所，邹艳梅. 大学生创新创业基础[M]. 北京：高等教育出版社，2018.

【学习目标二】知识解析：创业团队人员组成

通过以上案例分析，选择创业团队成员的基本标准有如下几点。

（1）创业团队成员应具备创业项目必要的核心能力或核心资源，能够在项目实施过程中通过发挥自己的知识、技术、组织、协调等能力，保证创业项目的有效进展。

（2）创业团队成员彼此之间应有良好的合作默契和共同或相似的价值观，能够为实现人生理想或某一目标而不懈努力，为创业项目的成功而齐心协力、不离不弃。

（3）创业团队成员应能够共同承担创业风险，每个人必须实际出资，或以个人知识产权、技术等作为无形资产出资。

创业团队核心成员之间的利益股权分配，应根据在整个创业过程中的贡献程度，经过充分协商，达成一致，并制订一套成熟、科学、动态的股权分配办法，按股权比例分配和享有利益。

学生活动三：小组用扑克牌搭建塔楼，总结创业团队组建的基本要素有哪些。

____

____

____

____

【学习目标三】知识解析：创业团队组建的基本要素

创业团队主要由如下几个要素组成：一是共同的目标。共同目标能为团队成员和创业方向导航，能使得团队具有凝聚力和持续发展力。二是人员。人力资源是所有创业资源中最珍贵、最活跃、最重要的资源，因此，创业团队成员的选择是创业团队建设中非常重要的一个部分（标准如前文所述）。三是定位。定位指根据创业团队中不同人员的核心技术和能力，明确分工，定位角色和岗位职责，这需要每个团队成员对自身的优劣势有清晰的认识，如果整个团队能够各司其职且形成良好的合力，将大大有利于创业项目的顺利开展。四是权限。创业企业，要依据每个团队成员的角色定位和岗位分工，授予其相应的权力和职责权限，一般来说，权限和所承担责任成正比。五是计划。计划是创业团队成员共同制订的创业发展规划，其呈现创业团队所要实现的短期目标和长期目标，以及遇到问题时有效的解决方案、实施过程的控制和调整措施等。

学生活动四：以《西游记》为例，小组讨论高效创业团队组建的基本原则。

____

____

____

____

【学习目标四】知识解析：创业团队组建的基本原则

不同的人员基于共同的创业目标和愿景，组成创业团队。组建一支优秀的创业团队是实现团队愿景的保证，组建创业团队应遵循以下基本原则。

一、互补原则

互补是指团队成员在专业领域、思维方式、做事风格等方面互补。寻求团队合作，其目的就在于弥补创业目标与自身能力间的差距，尽可能地实现跨领域、跨专业结合，使具有不同知识、技能、资源的人在一起相互交流、配合，实现思维火花的碰撞和能力的结合。只有当团队成员相互间实现互补时，才有可能通过相互协作发挥出“1＋1＞2”的协同效应。

二、精简高效原则

为了减少创业期的运作成本、最大比例地分享成果，创业团队人员构成不宜太多，应在保证企业能高效运作的前提下尽量精简。通常，一支创业团队至少需要管理、技术和营销三个方面的人才，团队规模在3～12人为最佳。

三、动态开放性原则

创业过程是一个充满不确定性的过程，也是一个不断淘汰的过程。一个团队中，可能因为能力、观念等多种原因不断有人离开，同时也有人在加入。因此，在创业团队组建过程中，应保持动态性和开放性，使真正匹配的人员被吸纳到创业团队中来，发挥其优势和力量。

学生活动五：

（1）性格特质测试。

（2）根据项目及性格测试，可重新调整小组成员并定位职责。

性格特质测试表见表4-1。

表4-1　性格特质测试表

1. 你做事值得信赖吗？	7. 你做事认真且正直吗？	13. 你组织能力好吗？	19. 你反应快吗？	25. 你慷慨吗？
2. 你个性温和吗？	8. 你富有同情心吗？	14. 你积极主动吗？	20. 你外向吗？	26. 你小心翼翼吗？
3. 你有活力吗？	9. 你有说服力吗？	15. 你害羞吗？	21. 你注意细节吗？	27. 你令人愉快吗？
4. 你善解人意吗？	10. 你大胆吗？	16. 你强势吗？	22. 你爱说话吗？	28. 你传统吗？
5. 你独立吗？	11. 你精确吗？	17. 你镇定吗？	23. 你协调能力好吗？	29. 你亲切吗？
6. 你受人爱戴吗？	12. 你适应能力强吗？	18. 你勇于学习吗？	24. 你勤劳吗？	30. 你工作足够有效率吗？

注：1. 打分规则：根据程度的不同，依次从1～5打分。例如，非常值得信赖：5分；值得依赖：4分；不确定：3分；不值得信赖：2分；非常不值得信赖：1分。

2. 测试结果见附录2。

学生活动六：给创业者的管理能力打分，识别创业者的管理强项。

要求：给创业者的管理能力打分。5～1 分别代表创业者管理能力强、次强、中、次弱和弱。请根据你的判断，在表 4-2 中相应的空格打“√”。

表 4-2　创业者管理能力测试

测试项	5	4	3	2	1
1. 喜欢与人共事					
2. 被认为是一个热情洋溢、积极主动的人					
3. 喜欢帮助员工完成他们的工作					
4. 从未被失误和工作问题击垮					
5. 能根据日程安排很好地组织和完成任务					
6. 对企业目标了然于胸					
7. 愿意花精力去学习新的管理技巧					
8. 能够明白无误地把工作要点口述给别人					
9. 能够信心十足地用书面形式表达自己的想法					
10. 喜欢工作挑战并勇于解决问题					
11. 被动完成工作目标					
12. 倾听员工指出的关键点和有关评论					
13. 能够承受巨大的压力和挫折					
14. 能够适应环境的变化并调整自己的角色					
15. 能够接受批评而又不失体面					
16. 批评员工而又不招来怨恨					
17. 在决策之前能考虑到可能的后果					
18. 根据员工的个人表现而不是私人感情偏向做评论					
19. 认识到工作计划的重要性					

资料来源：共青团中央，中华全国青年联合会，国际劳工组织. 大学生 KAB 创业基础[M]. 北京：高等教育出版社，2015.

学生活动七：小组讨论高效管理创业团队的策略。

【学习目标五】知识解析：创业团队管理的技巧与策略

要想创业成功，一个高效优秀的创业团队是必不可少的，创业团队领导者需要掌握一些管理原则以及管理技巧与策略，才能更好地为创业服务。综合前文介绍的团队组建的要素、基本原则等，总结团队管理的技巧与策略如下。

一、适度分权

团队领导者要善于转交责任，将部分工作分配给团队成员，让他们有一定的判断和独立处理事务的权限，同时培养团队成员的责任感和参与感，激发整个团队的工作热情和积极性，提高工作效率。同时，团队领导者可以从一些具体、细节工作中解放出来，将更多的时间和精力投入到项目的运营及管理中，逐步向目标迈进。这一管理技巧和策略同样适用于学生项目团队在课堂中的模拟训练及各种小组讨论活动等，小组长或者项目 CEO 适当放权，给每位成员布置恰当的任务，会大大激发同学的参与积极性，分工协助会提高学习和工作效率。

二、充分沟通

沟通，架起人和人之间的桥梁，避免人和人之间由信息不对称导致的错误决策或行为。充分有效的沟通，能够增强团队成员之间的信任感，化解团队内部矛盾；增进团队成员间的相互了解，增强团队的凝聚力。鼓励团队成员各抒己见，发表看法，可以活跃团队的氛围，也可以及时地发现和有效地解决项目计划中出现的问题，从而提高工作效率。

三、有效激励

采取有效的激励，一定可以大大激发团队成员的积极性和工作热情。团队领导者可以采用很多有效激励的方法：授权、薪酬机制、晋升激励、适度压力等，其中薪酬是实现有效激励最主要的手段。薪酬制度的制定要考虑差异性和灵活性，通过合理的报酬激励让团队成员产生一种竞争感和公平感。大学生的初创项目有了利润时，也应进行适度的分配，同时要争取外部投资，扩大项目，从而获得更多可分配利润来激发团队的积极性。

在制定激励制度时，可能会涉及给团队成员布置目标任务，注意：目标任务一定要科学，有差异性、层次性。例如，上级给下级的目标为：销售额提高10%。上级要基于不同的团队成员不同的工作业绩来制定目标，要确保布置的任务既有难度而团队成员又可以通过努力实现。制定这样明确且可行的目标，可以提高成员的工作积极性。实现了每一个小目标，才有可能实现更大的目标。

案　例

委 派 责 任

几年前，罗刚独自一人开了一家汽车配件零售店。现今，他的生意越做越大，他租了一栋大楼，还雇了 23 名员工。生意做大了，他既要管理所有的员工，又要负责企业的方方面面，所以时间总是不够用。

经过深思熟虑，罗刚做出了这样一个决定：把更多工作委托给员工去处理。理由有两个：一是长期以来，他每周工作 60 小时，整天疲惫不堪；二是每项工作都由他亲自决定，压力巨大，常常迁怒于员工，而且工作问题层出不穷。苦思冥想一番后，他列出了下面各项工作责任，想让他店里的 4 名员工替他分担。

（1）周报。这需要每周花 3 个小时去准备，这件事情如果交给陆小姐去办，轻而易举就办妥了。但是罗刚担心这么做会泄露某些财务数据。尽管这些数据不算是什么机密，可罗刚觉得如果让每个人都知道企业的财务情况，将来他可能会失去对企业的控制。

（2）每周例行的集体娱乐活动。以前，这件事总是罗刚张罗，虽然也有别人愿意做，而且可能比他做得更好，可他自己舍不得放手，因为他觉得这项活动有助于拉近他和员工之间的距离，而且可以促进彼此的沟通和交流。这份每周例行的工作通常需要花 2 个小时。

（3）每周例行的库存盘点。这项工作每周需要花 1 个半小时才能完成。罗刚曾经委托员工替他做过，可每次都做不好，最终他只好收回来自己做，因为员工的抱怨让他实在受不了，他觉得不如自己做省心。而且，员工盘存时还时不时记错数字，错误较多。

（4）每天下午 4 点钟给供货商打电话要数据。这需要花 1 小时。罗刚不愿意让别人来替他做这件事，因为万一别人做不好，毕先生（本地区最大的汽车配件供应商）就会对他提出批评。其实，店里的何先生有能力来做这件事。

（5）每天给同业协会总部送去一份特别调查资料。这需要花半个小时。罗刚总把这份差事揽在自己身上，因为这使他有机会喝上一杯咖啡，而且可以与其他创业者一起讨论生意上的一些事情。

（6）每周一次的骨干员工特别例会。这项工作每周需要花 1 个小时。在别的企业 许多老板早就委托一名骨干员工来做这件事了。要是让本店的郭小姐来安排这件事可能对她是一个很好的锻炼。然而，罗刚一直是自己做，因为他担心会上发生什么事，而他不能对此一无所知。

资料来源：共青团中央，中华全国青年联合会，国际劳工组织. 大学生 KAB 创业基础[M]. 北京：高等教育出版社，2015.

学生活动八：独立思考，上述案例体现了团队管理技巧的哪一点？

______

______

______

______

学习目标检测

（通过提问的方式检测）：

1. 总结创业者应具备的特质。
2. 解释创业团队组建的基本要素。
3. 解释创业团队组建的基本原则。
4. 陈述创业团队的管理技巧及策略。

主题五　客户需求的探索

学习目标

通过本主题的学习，学生将能够：

1. 说出客户的概念；
2. 列举出客户画像包含的内容；
3. 根据小组项目，描述客户画像；
4. 列举出市场调查的主要内容；
5. 描述出问卷调查设计的要点；
6. 根据小组项目，设计出调查问卷。

问题导入：

（1）我们初步确定了创业项目之后，接下来要做什么呢？

（2）在做市场调查时，我们首先要确定项目的什么？

学生活动一：一一回答上面的问题并记录关键词。

【学习目标一】知识解析：什么是客户

客户是企业的利润之源，是企业发展的动力，那么，到底什么是客户呢？客户是接受企业产品或服务，并由企业掌握其有关信息资料，主要由专门的人员来提供服务的组织和个人。

客户的含义可以从以下几个方面来理解：①客户不一定是产品或服务的最终接受者。处于供应链下游的企业或个人是上游企业的客户，他们可以是批发商、零售商或者中间商，而最终的接受者可能是消费产品与服务的个人和机构。②客户不一定是用户。处于供应链下游的批发商、零售商是生产商的客户，只有当他们消费这些产品和服务时，他们才是用户。③客户不一定在公司之外，内部客户日益引起重视。人们习惯于为企业之外的客户服务，而把企业内的上下流程工作人员和供应链中上下游企业看作同事或者合作伙伴，而淡化了服务意识，造成服务的内外脱节和不能落实。④客户在公司存有相应的资料．企业尤其是许多服务性企业会将客户的信息资料建成数据库，以供企业提供服务和发展业务时使用，而一般意义的顾客则大多没有资料。⑤客户是所有接受产品或服务的组织和个人的统称。在现代客户观念引导下，个体的顾客和组织的客户都可成为客户，因为无论是个体还是组织都是接受企业产品或服务的对象，而且从最终的结果看，“客户”的下游还是客户。因此，客户是相对于产品和服务的提供者而言的，他们是所有接受产品或服务的组织和个人的统称[①]。

学生活动二：独立列举并说出客户画像应该包含的内容。

____

____

____

____

学生活动三：根据小组项目，小组讨论并描述客户画像，完成下列讲义。

【学习目标二】知识解析：客户画像

客户画像是建立一个客户模型，即描述创业项目服务的客户是属于哪种类型的，通常包括对客户的性别、年龄段、收入层次、喜好类型、性格特征、使用场景等方面的描述，从这些基本方面刻画出客户的群体共性。在实际操作过程中，可以根据项目的不同来调整客户画像的内容，找到和项目相关的特征并作出描述，再进行下一步的特征分析。

客 户 画 像

目标客户：______________________________（不超过10个字）

年龄群：______________________________

收入情况：______________________________

受教育情况：______________________________

出入场所：______________________________

使用场景：______________________________

喜好：______________________________

① 王春凤，曹薇，范玲俐. 客户关系管理[M]. 上海：上海交通大学出版社，2016.

学生活动四：观看视频，并记录市场调查的内容。

案例视频：眼镜行业市场调查

学生活动五：独立思考并列举出市场调查的方法有哪些。

【学习目标三】知识解析：市场调查

市场调查，指运用科学的方法系统地收集、记录、整理和分析一系列与企业经营相关的市场信息的过程。通过市场调查，可以了解市场发展变化的现状和趋势，为企业管理者制定、评估和改进营销决策提供科学的依据。

市场调查有如下特点。

（1）系统性。市场调查作为一个系统，包括编制调查计划、设计调查、抽取样本、访问、收集资料、整理资料、分析资料和撰写分析报告等一系列活动。

（2）目的性。任何一种调查都应有明确的目的，并围绕目的进行具体的调查，提高预测和决策的科学性。

（3）社会性。市场调查的社会性体现在两方面：一是调查主体与对象具有社会性。调查的主体是具有丰富知识的专业人员。调查的对象是具有丰富内涵的企业。二是市场调查内容具有社会性。

（4）科学性。市场调查的科学性体现在三方面：一是科学的方法；二是科学的技术手段；三是科学的分析结论。

（5）不稳定性。市场调查受多种因素影响，其中很多影响因素本身都是不确定的。

市场调查包括市场微观环境调查和市场宏观环境调查。微观环境与企业经营有直接联系，直接影响企业经营效益，其调查内容包括：企业自身、供应商、营销中介、竞争者、公众情况、市场需求、消费者人口状况、消费者购买动机和行为、市场供给、市场营销活动等。宏观环境是影响企业的外在力量，其调查内容包括：政治法律环境、经济环境、人口环境、文化环境、自然地理环境、技术环境等。

市场调查的主要方法有访问法、观察法、实验调查法、问卷调查法等，下面一一进行介绍。

1. 访问法

访问法是指调查者通过口头、书面、电话等方式向被调查者提出问题，由被调查者直接或间接回答，以此了解市场实际情况，收集市场有关资料，获得市场信息的一种实地调查方法。访问法包含如下类型：面谈访问法、电话访问法、邮寄访问法、电脑调查法。访问法有如下特点：①相互性。调查者提出问题作用于被调查者，被调查者通过回答问题作用于调查者。调查者要努力掌握询问过程的主动权，积极对被调查者进行影响和作用，激起被调查者回答问题的欲望。②交往性。调查者与被调查者的关系十分重要，调查者必须具备建立良好人际关系的能力，能够熟练地掌握提问技巧，根据被调查者的具体情况采取恰当的方式进行询问。③多样性，调查形式既可以采用口头形式，又可以采用书面、电话等形式，从多方面了解情况，多角度提出问题。④简明性。简明扼要，直截了当，不能烦琐复杂，含混不清。

2. 观察法

观察法是调查者凭借自己的感官和各种记录工具，深入调查现场，在被调查者未察觉的情况下，直接观察和记录被调查者行为，以收集市场信息的一种方法。采用观察法时，调查者同被调查者不发生直接接触，而是由调查者从侧面直接地或间接地借助仪器把被调查者的活动按实际情况记录下来，被调查者一般感觉不到正在被调查。使用观察法必须具备以下条件：一是能观察到或从能观察到的行为中推断出来某些特征；二是要观察的行为必须是重复性的、频繁的或在某些方面是可预测的；三是要观察的行为必须是相对短期的。

拓展阅读

一次，一个美国家庭住进了一位日本客人，奇怪的是，这位日本客人每天都在做笔记，记录美国人居家生活的各种细节，包括吃什么食物、看什么电视节目等。一个月后，日本客人走了。不久丰田公司推出了针对当今美国家庭需求而设计的物美价廉的旅行车。如美国男士喜爱喝玻璃瓶装饮料而非纸盒装的饮料，日本设计师就专门在车内设计了能冷藏并能安全防止玻璃瓶破碎的柜子。直到此时，丰田公司才在报纸上刊登了他们对美国家庭的研究报告，同时向收留日本客人的家庭表示感谢。

资料来源：佚名. 第三章饭店市场调查预测. https://wenku.baidu.com/view/71bf3ea00c22590103029d26.html.2018-10-26. 内容有删改

3. 实验调查法

实验调查法是指市场调研者有目的、有意识地改变一个或几个影响因素，来观察市场现象在这些因素影响下的变动情况，以认识市场现象的本质特征和发展规律的一种方法。实验调查法的基本要素包括实验者、实验对象、实验环境、实验活动以及实验检测。

实验者即实验调查中有目的、有意识的活动主体；实验对象即实验调查者所要认识的客体，是实验研究的对象；实验环境即实验对象所处的各种社会条件的总和，它们可以分为人工实验环境和自然实验环境；实验活动即改变实验对象所处条件的各种实验活动；实验检测是在实验过程中对实验对象所做的检查或测定。

案例阅读

某公司准备改进咖啡杯的设计的市场实验

美国某公司准备改进咖啡杯的设计，为此进行了市场实验。首先，他们对咖啡杯的造型进行了调查，他们设计了多种造型的咖啡杯，让500位家庭主妇进行观摩评选，并研究主妇们用干手拿杯子时，哪种形状好；用湿手拿杯子时，哪一种不易滑落。然后对产品名称、图案等也做了调查。接着他们根据不同颜色会使人产生不同感觉的特点，通过调查实验，为不同需求的消费者提供了颜色最合适的咖啡杯。他们的方法是，首先请了 3() 多人，让他们每人各喝 4 杯相同浓度的咖啡，但是咖啡杯的颜色分别为咖啡色、青色、黄色和红色 4 种。试饮的结果显示，使用咖啡色杯子的有 2/3 的人认为“味道太浓了”，使用青色杯子的人都异口同声地说“味道太淡了”，使用黄色杯子的人都说“味道正好”，而使用红色杯子的 10 人中，竟有 9 个说“味道太浓了”。根据这一调查结果，公司咖啡店以后一律改用红色杯子。该店借助颜色，既可以节约咖啡原料，又能使绝大多数顾客感到满意。结果这种咖啡杯投入市场后，与市场上的其他公司的产品展开了激烈竞争，最终以销售量比对方多 2 倍的优势取得了胜利。

资料来源：作业帮.https://www.zybang.com/question/1235f524e14b8a047cf09750d5521eb3.html. 2016-12-11.内容有删改

4. 问卷调查法

问卷调查法，是以书面的形式系统地记载调查内容，了解调查对象的反映和看法，以此获得资料和信息的一种工具。调查问卷应具有：标准性、匿名性、通俗性。问卷的结构包括：标题、问卷说明、被调查者基本情况、甄别内容、调查内容、编码和作业证明。问卷的标题是概括说明调查研究主题，使被调查者对所要回答的问题有一个大致的了解。因此，标题应简明扼要，易于引起被调查者的兴趣。问卷说明旨在向被调查者说明调查的目的、意义。有些问卷还有填表须知、交表时间、地点及其他事项说明等。问卷说明一般放在问卷开头，它可以使被调查者了解调查目的，消除顾虑，并按一定的要求填写问卷。问卷说明既可采取比较简洁、开门见山的方式，也可进行一定的宣传，以引起被调查者对问卷的重视。被调查者基本情况，是指被调查者的一些主要特征。开展这些项目，便于对调查资料进行统计分组、分析。在实际调查中，列入哪些项目，列入多少项目，应根据调查目的、调查要求而定，并非多多益善。甄别内容是指先通过设计一些问题对被调查者进行过滤，筛选掉不符合条件的被调查者，然后得到满足条件的调查对象。调查内容是调查者所要了解的基本内容，也是调查问卷中最重要的部分。它主要是以提问的形式提供给被调查者，这部分内容设计的好坏直接影响整个调查的价值。调查内容主要包括以下几方面：①对人们的行为进行调查。包括对被调查者本人行为进行了解或通过被调查者了解他人的行为。②对人们的行为后果进行调查。③对人们的态度、意见、感觉、偏好等进行调查。

编码是将问卷中的调查项目变成数字的工作过程，大多数市场调查问卷均需加以编码，以便分类整理，易于进行计算机处理和统计分析。所以，在问卷设计时，应确定每一个调查项目的编号和为相应的编码做准备。通常是在每一个调查项目的最左边按顺序编号。作业证明的记载指的是在调查表的最后，附上调查者的姓名、访问日期、时间等，以明确调查者完成任务的性质。

问卷调查设计的原则如下：一是目的性原则。问卷的主要目的都是提供管理决策所需的信息，以满足决策者的信息需要。问卷设计人员必须透彻了解调研项目的主题，能拟出可从被调查者那里得到最多资料的问题，做到既不遗漏一个问句以致需要的信息资料残缺不全，也不浪费一个问句去取得不需要的信息资料。因此，应从实际出发拟题，问题目的明确，重点突出，没有可有可无的问题。二是逻辑性原则。一份设计成功的问卷，问题的排列应有一定的逻辑，符合被调查的思维程序。一般是先易后难、先简后繁、先具体后抽象。这样，能够使调查者顺利发问、方便记录，并确保所取得的信息资料正确无误。三是通俗性原则。如果被调查者对调查题目不感兴趣，一般不会参与调研。问卷设计最重要的任务之一就是要使问题适合潜在的被调查者，要使被调查者能够充分理解问句，乐于回答、正确回答。所以问卷设计人员不仅要考虑主题和被调查者的类型，还要考虑访谈的环境和问卷的长度。问卷必须避免使用专业术语，一般应使用简单用语表述问题。四是便于处理性原则。便于处理是指要使被调查者的回答便于进行检查、数据处理和分析。设计好的问卷在调查完成后，能够方便地对所采集的信息资料进行检查核对，以判别其正确性和实用性，也便于对调查结果的整理和统计分析。如果不注意这一点，很可能出现调查结束，信息资料获得很多，但是统计处理却无从下手的难堪局面。五是合理的问卷长度原则。调查内容过多，使得被调查者没有耐心完成全部调查问卷。这是调查最常见的误区之一，应引起高度重视。如果一份问卷调查在 20 分钟之内还无法完成，一般的被调查者都难以忍受，除非这个调查对他非常重要，或者是为了获得奖励才参与调查，即使完成了调查，调查结果也隐含一定的风险，如被调查者没有充分理解调查问题的含义，或者没有认真选择问题选项，最终会降低调查结果的可信度。

案例阅读

90 后大学生恋爱观调查问卷

同学你好：作为 90 后大学生，你了解自己的恋爱观吗？你清楚自己想要一段怎样的爱情吗？你觉得自己的恋爱观是成熟的吗？如果你愿意，让我们一同关注 90 后大学生的恋爱状况。非常感谢你的参与！！！

学院：　　　　　　系别：　　　　　　班级：

1. 你是 90 后吗？（　　）

A. 是　　　　B. 不是

2. 您的性别是（　　）

A. 男　　　　B. 女

3. 你觉得最适合恋爱的年龄阶段是（　　）
A. 15～17 岁　　B. 18～23 岁（大学阶段）
C. 24～28 岁　　D. 29 岁及以上
4. 你认为恋爱是大学生的必修课吗？（　　）
A. 是　　B. 不是　　C. 说不清
5. 你现在的恋爱状态是（　　）
A. 正在恋爱中
B. 曾经有过恋爱的经历
C. 处于观望阶段，一旦有了合适的也可以考虑
D. 不准备在大学阶段谈恋爱
6. 对于大学生是否应该恋爱，你持的态度是（　　）
A. 应该，不能错过青春年华
B. 不应该，谈恋爱浪费时间，精力和金钱
C. 顺其自然，重要的是有没有缘分
7. 你偏向以哪一种方式结识恋人？（　　）
A. 自己主动搭讪　　B. 通过朋友介绍
C. 通过网络认识　　D. 其他
8. 邂逅你喜欢的人时，你会主动追求吗？（　　）
A. 会大胆主动追求　　B. 会有所暗示
C. 觉得不好意思，静而观之　　D. 可能会在追求我的人中选择
9. 你觉得恋爱的底线行为是（　　）
A. 一般身体接触　　B. 约会时接吻
C. 性爱关系　　D. 同住关系
10. 你认为大学生谈恋爱的初衷是（　　）
A. 填补心灵的空虚　　B. 随大流
C. 满足自己青春期的生理需求　　D. 满足虚荣心
E. 满足情感需要　　F. 其他（　　　　）
11. 你选择恋人优先考虑的因素是（　　）
A. 家庭经济背景　　B. 性格品行　　C. 样貌能力　　D. 其他（　　　　）
12. 你认为爱情与学业孰轻孰重？（　　）
A. 学业重要　　B. 爱情重要　　C. 同样重要　　D. 说不清
13. 你怎样看待失恋？（　　）
A. 痛不欲生，颓废度日　　B. 对对方心存怨恨，并留下阴影
C. 死缠烂打，拒不分手　　D. 祝福对方，失恋没什么大不了
14. 你对同居有什么看法？（　　）
A. 赞同，大家一起生活可以更了解对方　　B. 不赞同，这是不负责任的行为
C. 看情况，感情好了就可以同居　　D. 没什么想法，反正我不会这样做

15. 你认为在恋爱中应该花谁的钱？（　　）

A. 花男的钱多女的少　　B. 花女的钱多男的少

C. 谁有钱花谁的　　D. AA 制

16. 你认为毕业后，你会和恋人继续保持关系或结婚吗？（　　）

A. 会，我们是很认真的　　B. 不会，现在就出现了摩擦

C. 顺其自然吧　　D. 没有明确的态度

17. 你对婚前性行为的看法是（　　）

A. 这是两个人爱情的进一步发展　　B. 不赞同，亵渎了爱情

C. 随缘吧，情到浓时，要发生就发生　　D. 无所谓，反正我不会这样做

18. 你的恋爱观是（　　）

A. 能否长久无所谓，有空闲时间就想找个人谈谈恋爱

B. 遇到喜欢的人有感觉了就会谈

C. 对恋爱持谨慎态度，看双方性格是否合适，是否妨碍学习工作等

D. 以结婚为前提恋爱，现在学习工作阶段不考虑

E. 不在乎天长地久，只在乎曾经拥有

F. 为以后的婚姻提供宝贵的参考经验

19. 你有过几次恋爱经历：________________

20. 你自己的看法：

____

____

____

____

学生活动六：填写以上问卷，总结出问卷调查设计的要点。

____

____

____

____

学生活动七：根据本组项目，开发设计调查问卷。

____

____

____

____

课后作业：每组的问卷设计好后交教师审核，录入问卷星，并发放300份，回收后统计，并做市场调查报告。

学习目标检测

1. 通过提问的方法让学生说出客户的概念。
2. 通过检测板检测，让学生列举出客户画像包含的内容。
3. 通过提问的方式让学生描述出问卷调查设计的要点。
4. 通过提问的方式让学生列举出市场调查的主要内容。

主题六　初创企业的财务与融资

学习目标

通过本主题的学习，学生将能够：

1. 列举创业融资资金的来源渠道；
2. 结合财务相关知识，分析项目的可行性。

公司注册流程导读

一、需要建立公司的情况

（1）有稳定的团队人员，需要稳定人心，公司需要每月给员工发工资和交社保。

（2）需要融资。需要融资的团队，就必须有公司的三证合一的证照、会计报表等证明材料，且投资人一般只打款给公司账户。

（3）业务模式已有小规模的发展，有了虽然少但持续稳定的收入支出的，这种情况需向国家缴纳税款，现行政策基本是免税，但需每季或每月固定申报相关经营事项。

（4）现在政府采购服务事项向中小企业倾斜，但必须是注册公司才能参与竞争。

二、公司注册流程

公司可大可小，以适合自己的发展为最佳策略，以下对公司注册流程做一个介绍。

1. 注册资本的要求

当确定要开公司了之后，接下来要确定股东和注册资本，股东很容易确认，但是注册资本是多少呢？普通的有限责任公司，最低注册资金为3万元，需要2个(或以上)股东。从2006年1月起，新的公司法规定，允许1个股东注册有限责任公司，这种特殊的有限责任公司又称“一人有限公司”（但公司名称中不会有“一人”字样，执照上会注明“自然人独资”），最低注册资金为10万元。如果创业者和朋友、家人合伙投资创业，可选择普通的有限公司，最低注册资金为 3 万元；如果只有一个人作为股东，则选择一人有限公司，最低注册资金 10 万元。有限责任公司是以注册资本为限来承担有限的责任，举个例子，如果注册资本是 10 万元，那么承担的责任就是 10 万，如果公司欠了几十万元的债务，那么申请公司破产只需要赔 10 万元即可，这是受法律保护的。法律、行政法规对有限责任公司注册资本的最低限额有较高规定的，从其规定。2014年3月之前注册公司都是实缴制度，即注册资金有多少就须在账户里存入多少资金。

自2014年3月以来，除某些行业以外，工商部门已经将实缴制度改为认缴制度。认缴制度是企业拿到营业执照后，在营业执照有效期内公司账户流水达到的注册资金额度。同时，取消了最低资金限制，注册资本以承诺的认缴金额为主，不再进行验资。也就是说，创业者想注册1元的公司，法律上是可行的，但实际上工商部门的系统是以万元为单位，最小注册金额一般为 1 万元。当然，过小的注册资本并不利于跟其他公司开展合作。总之，企业不同阶段的注册资本是不一样的，最初的注册资本建议以创业者的承受能力为上限最好，过大或过小的注册资本对企业发展都不利。常见的初创型企业注册资本由几万到几百万不等。建议大学生创业的注册资本控制在50万元以内。

股东可以用货币出资，也可以用实物、知识产权、土地使用权等可以用货币估价并可以依法转让的非货币财产作价出资，但是，法律、行政法规规定不得作为出资的财产除外。对作为出资的非货币财产应当评估作价，核实财产，不得高估或者低估作价。法律、行政法规对评估作价有规定的，从其规定。

股东应当按期足额缴纳公司章程中规定的各自所认缴的出资额。股东以货币出资的，应当将货币出资足额存入有限责任公司在银行开设的账户；以非货币财产出资的，应当依法办理其财产权的转移手续。

2. 出资比例

出资比例即每个股东所占的股份。创业团队中各成员对公司的出资比例大小，决定其对公司的控制权的大小。会计上是以拥有20%的出资份额或承担重要工作（诸如经理等职位）作为合并报表的依据。要掌控公司需要看股东人数，只要一个股东比其他股东多一些出资比例，就有多一些对公司的控制权。

3. 注册登记公司时应该考虑的事项

（1）给公司起个适宜的名称。公司名称对企业来说是件非常重要的事情，和域名对一个网站的重要性差不多，起个适宜的公司名称对以后办理相关业务都要方便不少。需要申请的名称冠以“中国”“中华”“国家”“全国”“国际”字词的，要提交国务院的批准文件复印件，因此建议大学生创业的公司名称一般应和自己所从事的行业、经营内容相符。公司注册名称的3种组成形式：①××市＋字号＋行业特点＋组织形式；②字号＋××市＋行业特点＋组织形式；③字号＋行业特点＋××市＋组织形式。

（2）公司名称可能重名，必须有备选名称。拟定企业的名称（字号）要求在2个中文字以上(包含2个字)，根据最新的规定，相同行业字号有2个字相似就无法注册。因此，要先拟定 3～5 个字号以备选用。公司的名称为地区＋字号＋行业特点＋组织形式组成，名字需要2个字的，同音同型都不容易通过，同行业重名亦不可取。

（3）公司名称中不能有数字、字母、符号、繁体字，只能是汉字。如云南＋思远＋科技＋有限公司。当然也有其他样式，如思远科技（云南）有限公司、思远（云南）科技有限公司，这些都是可以的。想好公司名称后，在工商部门的官方网站上注册申请即可。名称审核一般需要1～3个工作日，审核通过后就有6个月的有效期，在6个月内接着办理都可以，但是注意名称审核下来后，如果需要更改股东或调整公司名称形式，都要重新审核，甚至需要注销原名称，再重新申请才行。

从实践经验来看，公司越早注册越好，因为是公司是一个法律主体，未来要用这个主体做很多事。如没有营业执照是无法为新聘员工申请社保账号的。

4. 公司经营地址的选择

我国公司法规定，公司需要有一个地址和公司一一对应，这样即使公司出了问题，工商部门也可以上门去追查。能够自己有房屋是最好的，自有房产只需提交产权证复印件。

在有些业务范围内，对房屋用途是有规定的，普通民宅是无法用来注册公司的，租个办公地点是最容易不过的方案，但要有住所使用证明。如属于租赁房屋，需要提交租赁协议原件或复印件，以及出租方的产权证复印件，如不能提供产权证复印件的，可提交其他房屋产权使用证明复印件。如果已签订了房屋租赁合同，需由房屋的产权人提供房产证复印件，之后再到税务局买印花税，税率是年租金的千分之一，将印花税票贴在合同的首页。

对于刚开始创业的大学生，租赁实体的办公楼成本其实非常之高，每月的房租费从几千元到上万元不等，另外还有水、电、物业管理等费用，非常不划算。建议办公地点的位置选择在各个地区专门为创业者设立的创业园、产业孵化基地等能享有优惠政策且房租较为低廉的集中办公地点。因为这些地点属于政府统一规划的园区，在办理各种证照、贷款及税收等优惠政策时，一般会有专人给予技术指导或专门的办理地点。初创企业人员可以根据现行政策做个了解。

（1）政府为了鼓励初创型企业，推出了集中办公区政策。即创业者可以把公司注册在某个创业园区、经济开发区、产业孵化区的集中办公区内的一间小办公室中，只要自己有电脑等电子设备，可以同时在家或其他地方办公。采用这样的注册方式，可以节约租用办公室的一部分费用。不过为了避免风险，集中办公区限制了企业可以做的经营范围，它只适合于常见的科技类，咨询类，文化创意类的企业。比较经济的方式是初创型企业前一两年先使用该方式注册公司，当自身发展达到一定规模而需要办公楼时，再把地址变更到新办公楼即可。

（2）建议落户创投园区或者孵化园区，落户在园区能享受很多优惠和福利，而且不限制办公地点。不同的园区有不同的政策，有些返税政策很好，有高达20%～30%的退税。但是对于创业者来说，没有注册在园区，很多优惠政策就享受不了。具体优势一般有如下几方面：①企业缴纳税收后，会将一部分税收返还给企业，为企业节省一定成本。例如，一般的经济园区内都可以返一部分流转税，企业所得税也比不在园区内的企业比例低一些。②提供免费的注册地址。可以提供免费的虚拟地址作为注册地，创业者可以根据自身实际条件，另外选择实际经营地址。

5. 公司经营范围的确定

创业者在决定创业的时候，想从事的业务类别，已经有很明确的指向性，这个时候，在国家法律法规许可的范围内，除了自己意向性的经营范围要框定，对于可从事的周边业务也可提出。例如，从事生物科技、医药科技领域内的技术开发、技术咨询、技术服务以及临床试验领域内的技术咨询和服务研发等工作的，也可根据具体业务范围对诸如健康管理咨询和医药咨询的事项进行服务及咨询工作。法律、行政法规和国务院决定规定设立有限责任公司必须报经批准的，提交有关的批准文件、许可证书复印件。公司申请登记的经营范围中有法律、行政法规和国务院决定规定必须在登记前报经批准的项目，提交有关的批准文件或者许可证书复印件，这些在公司注册信息采集表中进行反映。经营范围决定了企业能做什么和不能做什么，如果中间有其他部门许可的业务，还需要把许可证办理完成后才可以注册公司，比如餐饮，挖矿，销售烟酒之类。经营范围还会影响到企业注册后是否可以开对应科目的发票和缴纳的税种。

6. 公司股东的确立

公司有董事会/执行董事、 监事会/执行监事、经理、法定代表人。公司法规定，只有董事和经理才能担任法定代表人，法定代表人非常重要，可以说其代表了公司的行为，公司的若干文件都需要法定代表人的签字通过才有效。当然，如果企业发生了某些问题，责任也主要由法定代表人承担。初创企业最好由大学生本人担任法人。

7. 公司章程的编写

公司章程是对所有股东权利和义务的一个详细说明，可以找律师代写，也可以从工商局的网站下载“公司章程”样本，修改后，由所有股东签名。

8. 公司印章的制作与管理

企业登记后一般等 5 个工作日就可以拿到营业执照了，拿着营业执照原件和副本，以及法人身份证复印件，去所在区公安局去提交申请，然后再去找公安指定刻章机构刻章，这样的印章才算有效。到公安局指定的刻章机构刻一套印章：公章，合同章，财务章，发票章，法人名章（方型章） 一共 5 个章，这些章以后就代表了公司的行为，如开个证明需要公章，签个合同需要盖合同章，开个发票需要盖发票章，等等。这些章需要在公安局备案，同时还有相关的安全要求，如带防伪芯片等，以备以后验真。非一人独资的公司内控原则是印章不能由一个人保管，这样既能防止集权，也能防止舞弊。

9. 公司账户的开立

等拿到印章后，还需要银行开设企业的基本户，获得了开户许可证，算是开户成功。

各个银行需要提交的材料不一样，一般来说，招商银行，民生银行等民营银行所需材料流程都比较简单，收费不太高，四大国有银行审核流程复杂，较严格，费用较高。当然，不管哪个银行，都看重存款量，如果你能保证账户上存有大量的钱，不管哪个银行，都可以和客户经理商量减免开户费用。

与银行签订三方协议。甲、乙、丙 三方协议是由税务、银行、企业三方签订的税款缴纳协议。

社保、公积金开户。去社保局为创业者和职工办理单位社保开户登记手续，便于职工的养老，也保障了职工权益。

去公积金管理中心办理公积金开户。这个账户里的资金，是企业员工日后购买房子的希望。

10. 税务登记

虽然现在三证合一了，但是还是需要提交税务登记材料的。企业法人这时应该聘用会计人员，在相关税务局网站上根据提示要求进行税务登记，并开通系统账号，为后期每月的做账缴税做准备。如果企业没有按时登记，税务局会对企业进行相应的警告或惩罚。

税务局会在1个月内根据企业的经营范围进行税种核定（2017年3月税务局规定），税种核定结果下来后，如果企业要开发票，需要申办税控器，并参加税控使用培训，才能核定申请开具发票资格。申请完成后，企业就具备了开具发票的资格。

学生活动一：独立阅读以上关于公司注册的流程及注意事项，记录要点。

____

____

____

____

学生活动二：采用头脑风暴法说出创业项目融资的渠道。

____

____

____

____

【学习目标一】知识解析：企业融资的渠道

一、企业融资的渠道

企业融资的渠道即资金的筹措渠道。企业融资可以分为两类：债务性融资和权益性融资。

债务性融资包括向银行申请贷款、财务上通过银行信用获取银行承兑汇票购买材料、通过商业信用延期付款、销售时收到银行承兑汇票提前贴现、固定资产租赁等方式。债务性融资构成财务报告中的负债，企业要按期偿还约定的本息，债权人一般不参与企业的经营决策，对资金的运用也没有决策权。

权益性融资主要指股票融资。大学生初创阶段，基本无法获取这种权益性融资。另外就是第三方投入，即增加股东的人数，这将涉及公司的合伙人、所有者和投资者之间分派公司的经营和管理责任。权益性融资可以让企业创办人不必用现金回报其他投资者，而是与他们分享企业利润并承担管理责任，投资者以红利形式分得企业利润。

二、国家政策

2019年1月4日，李克强总理考察中国银行、中国工商银行、中国建设银行并在银保监会主持召开座谈会强调“提高金融服务实体经济水平有效缓解企业融资难融资贵问题”。李克强总理先后来到中国银行营业厅和中国工商银行、中国建设银行的普惠金融事业部，了解小微企业贷款规模、成本和便利情况，对他们瞄准小微企业融资难点、运用“互联网+”等创新模式、增加小微企业贷款和降低成本予以肯定。李克强总理说，稳就业主要靠千千万万小微企业，小微企业发展离不开普惠金融支持。普惠金融是利国利民的大事业，前景无限。他勉励几家国有大型银行要带头为民营、小微企业提供细致周到的服务，借鉴国际经验，打造普惠金融金字招牌，促进市场主体活力的普遍增强，提振企业发展的信心。李克强总理说，去年以来，面对复杂严峻形势，在以习近平同志为核心的党中央坚强领导下，我们坚持实施稳健的货币政策，不搞“大水漫灌”，运用定向降准等多种工具，适时预调微调，尤其是出台一系列针对性措施，着力解决小微企业融资难融资贵等问题，强监管、防风险取得阶段性成效，宏观杠杆率总体趋稳。2019年经济发展面临新的下行压力和诸多挑战。要坚持以习近平新时代中国特色社会主义思想为指导，按照中央经济工作会议部署，坚持稳中求进工作总基调，保持宏观政策的连续性稳定性，注重加强宏观政策逆周期调节，实行普惠性减税和结构性减税，适时运用好全面降准、定向降准和再贷款、再贴现等政策工具，加大对实体经济特别是民营、小微企业的支持，为保持经济平稳健康发展提供支撑①。

三、切合大学生创业的融资渠道

大学生创业的融资渠道包括以下几个方面。

（1）来自亲朋好友的资助。这种方式无负担、无压力。但是如果关系处理不好，会影响亲情。

（2）志同道合的伙伴凑在一起，根据自己的兴趣爱好、人脉关系聚集资金财产和利用已经拥有的资源来发展，其风险是在合作的过程中，把握不住责、权、利的边界，造成昔日伙伴的分崩离析。

（3）天使投资。天使投资是指个人出资协助具有专门技术或独特创业理念，但缺少资金的创业者进行创业，投资者通常对创业者的能力和创意深信不疑，愿意在其业务远未开展之时就向该企业投入资金。有较好发展前景的创业项目才能让天使投资者愿意提供资金。

四、常见的几种融资形式

1. 融资租赁

中小企业融资租赁是指出租方根据承租方对供货商、租赁物的选择，从供货商处购买租赁物，提供给承租方使用，承租方在契约或者合同规定的期限内分期支付租金的

① 李克强：提高金融服务实体经济水平 有效缓解企业融资难融资贵问题. cpc. people. com. cn/n1/2019/0104/c6-094-30505168. html. 2019-01-04.

融资方式。

想要获得中小企业融资租赁，企业本身的项目条件非常重要，因为融资租赁侧重于考察项目未来的现金流量，因此，中小企业融资租赁的成功，主要取决于租赁项目自身的效益，而不是企业的综合效益。除此之外，企业的信用也很重要，和银行放贷一样，良好的信用是下一次借贷的基础。

2. 银行承兑汇票

银行承兑汇票属于票据贷款，是最常用的融资形式，企业可以实现短、平、快中小企业融资，可以降低企业财务费用。

中小企业融资双方为了达成交易，可向银行申请签发银行承兑汇票，银行经审核同意后，正式受理银行承兑契约，承兑银行要在承兑汇票上签上表明承兑字样或签章。这样，经银行承兑的汇票就称为银行承兑汇票。银行承兑汇票具体说是银行替买方担保，如果汇票时间到期，买方的担保银行一定会支付贷款，所以卖方不必担心收不到贷款。

3. 不动产抵押

不动产抵押中小企业融资是目前市场上运用最多的中小企业融资方式。在进行不动产抵押中小企业融资上，企业一定要关注中国关于不动产抵押的法律规定，如《中华人民共和国担保法》《中华人民共和国城市房地产管理法》等，避免上当受骗。

4. 互联网金融平台

互联网金融平台对申请融资的企业进行资质审核、实地考察，筛选出具有投资价值的优质项目，在投融界等投融资信息对接平台网站上向投资者公开，并提供在线投资的交易平台，实时为投资者生成具有法律效力的借贷合同，监督企业的项目经营，管理风险保障金，确保投资者资金安全。

5. 谨防变相的高利贷形式

民间借贷也成为企业融资的一种途径，民间借贷主要有：民营银行、小额贷款、第三方理财、民间借贷连锁、担保、私募基金、银企对接平台、网路借贷、金融超市、金融集团、民资管理公司、民间借贷登记中心等。除了这些传统的民间借贷形式，典当行也成为民间资本一大新的流向。不过，大多中小企业更希望通过银行借贷的方式来进行融资，然而商业银行更愿意贷款给实力雄厚的大型企业，许多中小企业被各种严苛的条件拒之门外。据不完全统计，中小企业贷款申请遭拒率达56%。因此，中小企业选择民间借贷是相对来说较为容易的融资渠道。但需要注意的是，如果利息超过国家公示的贷款法定利率的4倍即为高利贷，所以，渴望融资的创业者需要谨慎对待自己的需求，防止被欺骗。

一些企业在融资过程中还存在以下误区，必须警惕：①对创业项目过度包装或不包装；②缺乏长期的企业发展规划；③融资视野狭窄；④只认钱、不认人，只想融资，不想走规范化流程；⑤只顾公司规模扩张，不建立合理的公司治理结构；⑥低估融资难度，以为靠小圈子就可以获得资金。

学生活动三：独立阅读以上关于创业融资来源渠道内容，记录要点。

____

____

____

____

拓展阅读一

有关优惠政策

1. 大学生创业政策

为鼓励高校毕业生自主创业，以创业带动就业，财政部、国家税务总局发出《关于支持和促进就业有关税收政策的通知》，明确自主创业的毕业生从毕业年度起可享受3年税收减免的优惠政策。其中，高校毕业生在校期间创业的，可向所在高校申领《高校毕业生自主创业证》;离校后创业的，可凭毕业证书直接向创业地县以上人社部门申请核发《就业失业登记证》，作为享受政策的凭证。

2. 具体优惠政策

一是我国首次对大学生自主创业出台了税收优惠的政策。新出台的政策在这方面填补了我国大学生创业扶持政策的空白。

二是创业优惠政策首次覆盖毕业年度内在校创业的大学生。从 2011 年起，国家对在校创业的大学生“扶上马，送一程”，让他们能够更早更快地开创自己的事业。

三是采用网络申领方式，这种方式便捷、高效，充分体现了教育部“高校毕业生就业优质服务年”的工作理念。

为支持大学生创业，国家和各级政府出台了许多优惠政策，涉及融资、开业、税收、创业培训、创业指导等诸多方面。对打算创业的大学生来说，了解这些政策，才能走好创业的第一步。

（1）大学毕业生在毕业后 2 年内自主创业，到创业实体所在地的工商部门办理营业执照，注册资金（本）在50万元以下的，允许分期到位，首期到位资金不低于注册资本的10%（出资额不低于3万元），1年内实缴注册资本追加到50%以上，余款可在3年内分期到位。

（2）大学毕业生新办咨询业、信息业、技术服务业的企业或经营单位，经税务部门批准，免征企业所得税 2 年;新办从事交通运输、邮电通信的企业或经营单位，经税务部门批准，第一年免征企业所得税，第二年减半征收企业所得税；新办从事公用事业、商业、物资业、对外贸易业、旅游业、物流业、仓储业、居民服务业、饮食业、教育文化事业、卫生事业的企业或经营单位，经税务部门批准，免征企业所得税1年。

（3）商业银行、股份制银行、城市商业银行和有条件的城市信用社会为自主创业的毕业生提供小额贷款，并简化程序，提供开户和结算便利，贷款额度在2万元左右。贷款期限最长为2年，到期确定需延长的，可申请延期一次。贷款利息按照中国人民银行公布的贷款利率确定，担保最高限额为担保基金的5倍，期限与贷款期限相同。

（4）政府人事行政部门所属的人才中介服务机构，免费为自主创业毕业生保管人事档案（包括代办社保、职称、档案工资等有关手续）2年；提供免费查询人才、劳动力供求信息，免费发布招聘广告等服务；适当减免参加人才集市或人才劳务交流活动收费；优惠为创办企业的员工提供一次培训、测评服务。

（5）政策支持大学生创业"首违免罚"。对大学生创业将落实"首违免罚"政策，即工商、城管执法等部门在对大学毕业生在创业过程中首次出现的情节轻微、没有对社会和他人造成危害后果的一般性违法行为，只给予警示告诫，帮助大学生创业者纠正，不给予行政处罚。

（6）培训指导招募成功企业家当"志愿老师"。从校园到"商海"，为了帮助大学生能够顺利进入角色，我市将针对大学生的不同需求，多途径、多渠道开展大学生创业培训工作，提高创业成功率。

（7）放宽行业限制。大学生创业可以放宽一定的行业限制，例如，申办个体工商户、个人独资企业、合伙企业时，除法律法规另有规定外，将不受最低出资金额限制。另外，某些省市还对高校毕业生创业提供以下优惠政策，只要从事高科技、现代制造、现代服务业等行业、领域的投资与经营，还可将家庭住所、租借房、临时商业用房等作为创业经营场所。

（8）根据云南省的政策：①两个10万元贷款工程。创业者有3万元的自有资金，国家可以根据创业者的项目提供7万元的贷款，如果项目经营效果好，国家再贷款10万元。该贷款政策的参与人中有云南省妇联和共青团组织，对妇女和青年的扶持力度更大。②小微创业全省千万贷款扶持项目。

学习目标二 知识解析：学会看财务报告

《中华人民共和国公司法》规定，公司应当依照法律、行政法规和国务院财政部门的规定建立本公司的财务、会计制度。公司应当在每一会计年度终了时编制财务会计报告，并依法经会计师事务所审计。作为一名创业者，看懂财务会计报告是必须的。财务报告分为以下五部分。

1. 资产负债表

从资产负债表中可以了解公司的财务状况。

案例：张三和李四看创业既能赚钱，又是自己的兴趣，于是分别投资7万元和3万元成立了一家服装有限公司，10万元不够用，又从银行贷款20万元，这样就有30万元了。

会计恒等式：资产（30万元）=负债（20万元）+股东权益（10万元）

根据会计恒等式编制的报表就是资产负债表。

资产负债表的用途：评估公司的资产结构和资本结构，进而评价偿债能力和财务灵活性；估算公司价值，或结合利润表分析经营活动。

资产负债表有两种格式：一是账户式，即左资产右资本；二是报告式，即上资产下资本。

创业资金包括：技术资源和创业资金。

技术资源包括：专利技术、商标权、专业资质和专业技术。

创业资金的分类：投资资本和营运资本。

2. 利润表

利润表用于衡量公司的盈利能力、偿债能力以及投资价值。从利润表中可以了解公司经营成果。

案例：王五和郑三看开网店赚钱，于是分别投资8万元和2万元成立食品网络销售有限公司，10万元不够用，又从银行贷款20万元，这样就有30万元了。经过一年的艰苦经营，取得收入50万元，成本费用25万元，其间王五中彩票50万元，被罚款20万元，利润55万元。

会计恒等式：收入（50万元）－成本费用（25万元）＋利得（50万元）－损失（20万元）=利润（55万元）

利润表的格式：单步式，即收入（含利得）－费用（含损失）=净利润（学生只需掌握该净利润的基本公式即可）。

3. 股东权益变动表

股东权益变动表可以帮助外部报表使用者了解公司资本结构变动的情况，为净额资产何以增加或减少提供信息。

股东权益变动表的组成：股本、资本公积、留存收益。

4. 现金流量表

现金流量表可以体现公司的现金收支、经营活动、投资活动和筹资活动的现金变动情况。现金流量表可以解释说明资产负债表中现金和现金等价物年初到年末的变动情况，管理层能利用现金流量表决定外部筹资需求，公司股东或债权人能根据现金流量表确定公司生产的现金流量是否满足偿还债务或支付股利的需求。这是获取银行贷款必须要提供的表，分为经营活动表、投资活动表（我国企业准则未将贷款作为投资活动，因为贷款一般为金融机构的主营业务）、筹资活动表。

5. 财务报表

财务报表主要介绍公司基本情况和重大会计项目的变动情况。编制财务报表的目的在于帮助报表使用者进行决策。内部使用者利用财务报表信息制定短期和长期的经营计划并在计划执行过程中实行控制。财务报表也存在一定局限性：①会计报表只能列示能用货币可靠计量项目，如客户资源、品牌等未纳入资产负债表中，会计估计和职业判断的运用，如资产减值准备等表外信息，经营租赁等一些特殊日（如报表报出日，结账日等）的实体不在表内披露。②未涉及现金收支的交易。现金流量表未能反映非现金交易，如非货币资产交换等信息。

6. 报表附注及其他

（1）或有事项：其结果取决于未来事件的发生或不发生，具有不确定性的重要事项。

（2）可能导致损失：未决诉讼、质量保证等。

（3）合同情况：重要的合同协议。

（4）会计政策：收入确认、折旧计提、存货计价等。

（5）日后事项：发生在资产负债表日和年报报出日之间的事项。

（6）修改财务报表：资产负债表日已经存在，调整在附注中披露，不影响资产负债表日情况，提供进一步证据披露即可。

学生活动四：结合以上教师讲解财务知识，基于本小组项目，通过小组讨论，填写表6-1，分析项目的可行性。

表 6-1　财务可行性分析表

项目		拥有形式	金额	开业前	一季度	二季度	三季度	四季度
预备投入资金								
开业前必须考虑的事项	房屋							
	设备							
	加盟费							
	办公家具							
	办公用品							
	创业者其他支出							
预计获取的收入								
开业后的常规事项	员工工资							
	员工社保费用							
	员工福利费用							
	营业税费							
	业务开拓费							
	广告费							
	水电费							
	电话费							
	企业保险费							
	设备维护费							
	软件使用费							
预计的利润								

初创公司在初期经营的过程中，需要特别关注资产负债率这个指标。资产负债率又称举债经营比率，该指标是评价公司负债水平的综合指标。它是用以衡量企业利用债权人提供资金进行经营活动的能力,以及反映债权人发放贷款的安全程度的指标，将企业的负债总额除以资产总额，可得出企业的资产负债率，计算公式是资产负债率=负债总额÷资产总额。资产负债率反映在总资产中有多大比例是通过借债来筹资的，也可以衡量企业在清算时保护债权人利益的程度。

如果资产负债比率达到100%或超过100%，说明公司已经没有净资产或资不抵债。这个比率对于债权人来说越低越好。因为公司的所有者（股东）一般只承担有限责任，而一旦公司破产清算时，资产变现所得很可能低于其账面价值。所以如果此指标过高，债权人可能遭受损失。资产负债率反映债权人所提供的资金占全部资金的比重，以及企业资产对债权人权益的保障程度。这一比率越低（50%以下），表明企业的偿债能力越强。

通常，资产在破产拍卖时的售价不到账面价值的 50%，因此如果资产负债率高于50%，则债权人的利益就缺乏保障。各类资产变现能力有显著区别，房地产的变现价值损失小，专用设备则难以实现。不同企业的资产负债率不同，与其持有的资产类别有关。

拓展阅读二

初创企业风险及防控

初创企业在经营过程中面临一些风险，作为领导者也必须给予足够的关注。经营风险是指公司的决策人员和管理人员在经营管理中出现失误而导致公司盈利水平变化从而产生投资者预期收益下降的风险或由汇率的变动而导致未来收益下降和成本增加。

企业经营风险通常包括：政策风险、市场风险、财务风险、法律风险、团队风险。因此，在企业经营过程中，要牢固树立风险意识，切实采取防范措施，最大限度地防止经营风险。具体可以这样做：

首先，企业保险中要投入一定的风险管理费用（保险费），平时可以减少心理忧虑，也可以减少由事故发生所造成的损失，但它只是企业风险管理方法中的一种。

其次，建立风险管理制度，从制度上控制和规范风险的发生。

最后，建立风险应急机制，一旦风险发生，应采取最有力的措施，将风险控制在最低限度内，减少损失，保证企业的根本利益。

此外，和合作伙伴之间的责、权、利一定要分清楚，最好形成书面文字，有合作双方和见证人的签字，以免起纠纷时空口无凭。

创业是一项庞大的工程，涉及融资、选项、选址、营销等诸多方面，因此创业者在创业之前，一定要做细致的准备。

企业在经营过程中所造成的失误可能会导致不好的结果，如发错货可能使一个客户立刻与你断绝合作关系。作为经营者，在冒风险时要谨而慎之。如果出现失误，不要过于忧虑，接受事实，并从中吸取教训。如果成功，也不要被胜利冲昏头脑，你第一步的成功全靠你的创意好、时机合适、运气不错和良好的业务关系。这一切随时都可能离你而去。因此，不要太过自信，不要投入过量的资金，使自己陷入泥沼之中。

大学生创业不仅仅是自己的事，有时父母的观念会影响大学生的创业选择。大部分学生生长在普通家庭，为上大学家里已经拿出为数不少的学费，如果要创业，还需要再投入一笔启动资金，这对刚毕业的大学生而言存在一定的风险。在这种情况下，大学生更应积极适应周边环境，努力更新知识，充分了解国家的新政策，有的放矢，才能绽放芳华。

学习目标检测

简述学生创业融资的来源和渠道。

主题七　市场营销的策略

学习目标

通过本主题的学习，学生将能够：

1. 阐述市场、市场营销的概念；
2. 描述项目的目标顾客；
3. 描述项目的价值主张；
4. 根据市场细分的依据，进行市场细分，并选择目标市场；
5. 针对目标市场制定恰当的营销策略。

情景认知导入

对于一个企业来说，如果有足够多的消费者愿意购买其产品或服务，使它获得利润，那么它就很可能会成功。换句话说，企业要想成功，必须有足够的市场。小企业失败的根源大都可以归结为产品和市场选择的失误。创业者的创业激情往往会使他们忽视一条最基本的生意规则，即“企业的基本目标是满足消费者的需求”。开办企业时一定要清楚产品或服务是否有市场。

本章主题是讨论市场的基本要素，了解市场中消费者和竞争者的特性。市场研究可以让经营者明确其产品或服务可能占到的市场份额。因为开办企业时所做的有关场地、设备及原材料、员工人数等方面的决策都依赖于对目标市场的估计。

学生活动一：小组讨论什么是市场及市场营销?

【学习目标一】知识解析：市场、市场营销的概念

一、市场

市场是某种产品的实际购买者和潜在购买者的集合，这些购买者具有共同的需要和欲望，能够通过特定的交换得到满足。市场是商品和服务价格建立的过程，市场促进贸易并促成社会中的分配和资源分配，大多数市场依赖卖方提供货物或服务（包括劳力）来换取买方的钱。

二、市场营销

我们每一天都在接受电视、广告、销售电话、电子邮件的大量信息，这些仅仅是市场营销的冰山一角。在信息化社会，市场营销已成为一种真正的互动活动，市场营销已经不再是“怎么影响我们的顾客？”还要问：“我们的顾客如何影响我们？”“我们的顾客如何彼此影响？”市场营销并不等同于劝说和销售，而是要从满足顾客需求的新观念角度来理解市场营销。管理大师彼得·德鲁克曾指出“市场营销的目的在于使推销成为多余”，推销和广告仅仅是市场营销组合相互配合的方式。

市场营销就是管理有价值的客户关系，即以消费者需求为中心的市场营销关系、市场营销规律及市场营销策略。企业根据市场需求的多样性和购买者行为的差异性，将整体市场即全部顾客和潜在顾客，划分为若干具有某种相似需求特征的顾客群体，以便确定自己的目标市场。

广义上的市场营销是通过创造与他人的交换价值，实现个人和组织的需要和欲望的社会和管理过程。狭义的市场营销指与顾客建立价值导向的交换关系。菲利普·科特勒认为，市场营销是企业为从顾客处获得利益回报而为顾客创造价值，并与之建立稳固关系的过程。如图 7-1 所示。

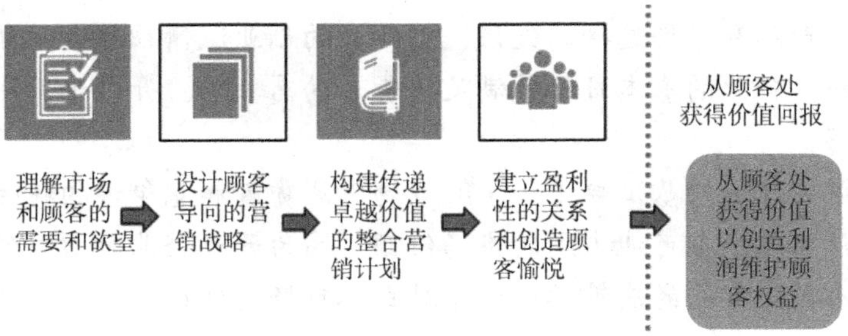

图 7-1　市场营销过程

三、设计顾客导向的市场营销战略

市场营销管理是设计顾客导向的战略。我们将营销管理定义为选择目标市场并与之建立有价值的关系的艺术和科学。营销管理者的目的是通过创造、递送和沟通卓越的顾客价值来发现、吸引、保持和增加目标顾客。为了设计成功的市场营销战略，创业者必须回答两个最重要的问题：我们将为哪些顾客服务（谁是我们的目标顾客）？我们怎样才能够最好地为这些顾客服务（我们的价值主张是什么）？

【学习目标二】知识解析：目标顾客和价值主张

一、选择要服务的顾客

企业必须首先通过将市场划分为顾客群（市场细分）和选择将要追随的细分市场（目

标市场），决定将为谁服务。一些人认为，市场营销管理应该发现尽可能多的顾客并增加他们对自己产品的需求。但是创业者应该明白，他们不可能为所有的人服务。如果尝试为所有人提供服务，那么可能最终任何顾客都服务不好。相反，企业应该只选择那些自己能够服务好并有利可图的顾客。

营销观念者的主要目的是：通过创造、传递和沟通卓越的顾客价值来发现、吸引、保持和增加目标客户。划分顾客群，也就是进行市场细分：根据年龄、职业、收入进行细分，公司选择自己能服务好且有利可图的顾客。例如，rose only（高端玫瑰及珠宝品牌）选择高端客户；沃尔玛以低廉实惠的价格专为普通家庭服务；宝马车强调的是“驾驶的乐趣”；富豪强调“耐久安全”；马自达是“可靠”；丰田强调“跑车外型”；奔驰是“世界元首使用最多的车”；星巴克的定位不是从“咖啡”产品出发，而是从提出除了家和办公室的“第三空间”出发；也有主打年轻女性消费群的韩系连锁，如Mann Coffee等；还有本土品牌的崛起，如雕刻时光被认为是“民族第一咖啡品牌”；随着一线城市咖啡消费水平越来越成熟，人们对咖啡有了更高品质的追求，配合第三波咖啡浪潮的出现，Blue Bottle 作为代表开始在咖啡高端消费群中流行。

知识拓展

市场的“5W”

市场的“5W”是一个研究框架，创业者运用这个框架，可以收集有关潜在市场的信息，以便更好地把握和预测消费者的购买行为。

“5W”分别是指：who 谁、what 什么、when 何时、where 何地和 why 为什么。每一个“W”都是市场研究的一个问题，都有一些基本的要素。具体见表7-1。

表7-1　市场的“5W”

问题	涉及的方面	要素
1. 谁是我们的客户？（who）	人口统计学	人口：数量、增长率、下降、变动、年龄、婚姻状况等； 教育：各个层次的学校数量、教育水平等； 家庭结构：数量、构成、趋势等； 经济：个人收入水平、财产（土地、房屋、汽车、资本等）； 住房：年限、所有权形式等
2. 他们需要什么？（what）	产品或服务	正式的市场调查 非正式的观察
3. 他们何时购买？（when）	时间	商业周期 产品循环 消费者循环
4. 他们在哪里购买？（where）	地点	市场、员工、运输、 合适的地点、社区利益
5. 他们为什么购买？（why）	有效的需求	购买力； 购买习惯和趋势

二、选择价值主张

价值主张就是公司为目标客户提供的独特价值，必须设计强有力的价值主张，这些价值主张使品牌具有明显的差异性，并清晰地回答了顾客的问题："为什么我们应该购买你的品牌而不是竞争对手的？"使自己在目标市场上具有最强的优势，即你提供给客户的独特的东西是什么？你跟别人的差别是什么？价值主张对一家公司的重要性不言而喻，它是企业生存的底线。也就是说，如果你没有这种独特的东西，你的企业最后必将面临淘汰。价值主张使品牌具有明显的差异。如宝马的价值主张是"终极座驾"，新百伦的价值主张是"比赤脚更舒服"。

拓展阅读一

Stitch Fix：你的私人造型师

Stitch Fix 是一家美国购物网站，它的价值主张是做"你的私人造型师"。在这家网站购物的流程是这样的：首先你注册成为它的会员并且完成一份个人风格问卷，然后它每月会给你寄一个包裹，里面有 5 件服装，你可以留下喜欢的，其他的免费退回。

从本质上来说，它是一家个性化的时装推荐公司，它充当的角色是你的个人设计师、造型师以及购物师，只不过在这个过程中你不需要亲自和真人打交道，也不用支付高昂的费用。

有趣的是，几个来回之后，你会发现收到的衣服和你的匹配度会越来越高。这是因为 Stitch Fix 采用数据科学 + 造型师的组合手段，发挥人机协同"1 + 1 > 2"的效益，根据你过去的订购历史，慢慢知道你的喜好，知道什么适合你，接下来给你越来越精准的推荐。

这样的服务在过去是只针对贵族等少数人的，那些优秀的造型师服务的人数是有限的，像 Stitch Fix 这样服务大规模普通民众的公司在过去的时代是不存在的。这就是数字化时代给价值主张的出现提供了很多新的可能性。未来我们可以靠数字化的技术来提供、提升比原先更多、更好、更便宜、更有效率的客户价值。

网易严选：好的生活没那么贵

网易严选是网易旗下原创生活类自营电商品牌，是国内首家 ODM（original design manufacturer，原始设计制造商）模式的电商，以"好的生活没那么贵"为价值主张。通过 ODM 模式与大牌制造商直连，剔除品牌溢价和中间环节，为国人甄选高品质、高性价比的天下优品。

通过这样创新的 ODM 模式和独到的用心，网易严选做到了与现有的电商平台的差异化竞争，在这一片红海市场中开辟了一块蓝海。这样的模式既保证了商品与国际大牌无异的优良品质，也能减少中间商的多余差价，让用户直接买到优质低价的商品。

在如今电商平台竞争日趋激烈的情况下，网易严选自 2016 年 4 月正式上线，在仅仅一年多的时间里，变成了电商界的"黑马"。

由此可见，价值主张是所有商业模式的起点和核心。

学生活动二：阅读上面的理论知识后，结合本小组项目，小组讨论以下两个问题并在各组间轮流分享。

（1）目标顾客是谁？

（2）价值主张是什么？

学生活动三：阅读下文后，小组讨论标价动辄成千上万一束的玫瑰，是怎么找到目标市场的。

拓展阅读二

rose only—用顶级的玫瑰和服务，承载专一的爱情

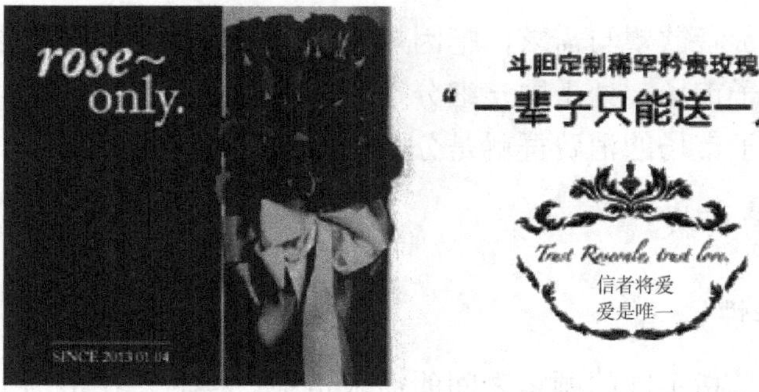

rose only 隶属于诺誓（北京）商业股份有限公司，2013 年 1 月 4 日寓意“爱你一生一世”的世纪告白日，rose only 以爱之名创立。rose only 以“一生只爱一人”为理念，精选万里挑一的厄瓜多尔玫瑰，致力于打造爱情信物品牌。品牌从成立开始便受到很多当红明星的青睐，章子怡、杨幂、刘诗诗、林志颖、李晨、李云迪、郑恺等上百位明星，都曾在重要的场合，送出或收到 rose only 玫瑰。rose only 鼓励爱侣表达爱，忠于内心的抉择，倡导“一生只爱一人”的爱情观，以见证每一份坚定不移的爱。

rose only 唯一真爱证明卡附有专属二维码，落笔为证见证今生挚爱，接收爱的倾情之

语。rose only 为此提供了更便捷的撰写方式。客户的专属真爱誓言，可在提交订单时填写；也可以在购买后，扫描真爱证明卡上专属的二维码，再填写真爱誓言。用手机扫一扫，即可接收其在下单时留下的倾情之语。在微博上搜 rose only，会发现一个有意思的现象，即几乎全是女孩子在幸福洋溢地晒玫瑰花，但读读就会发现，晒的其实不是花，而是爱情唯一的承诺。rose only 是高端鲜花礼品市场中的 tiffany。rose only 花店是一家网络高端品牌花店，其玫瑰花悉数从国外运送，并用顶级包装礼盒送达。rose only 花店的创始人蒲易表示，rose only 的品牌价值是："用顶级的玫瑰和服务，承载专一的爱情。"

解析：rose only 花店是"小而美"的创业典型，花店从定价到服务，再到其品牌故事，全线以"高端"姿态进入网络市场，其"唯一"的品牌内涵，在情人节前后，成功洞察到消费者对"爱情"的期许。"小而美"的"小"字，其实就是精准的市场定位、品牌定位、消费人群定位。"美"字，更好的理解就是把视觉营销、体验式营销做好。把握这两点，一定能有自己的立足点，通过这个点、这个核心打造自己的品牌风格，风格才能成为品牌的基因。

【学习目标三】知识解析：市场细分

一、市场细分概述

市场细分就是企业根据市场需求的多样性和购买者行为的差异性，将整体市场（即全部顾客和潜在顾客）划分为若干具有某种相似需求特征的顾客群体，每一个顾客群构成一个子市场，不同子市场之间，需求存在明显差别。企业通过市场细分后，可以选择适合自己的目标市场，设计正确的产品、服务、价格、促销和分销系统"组合"，以满足细分市场内顾客的需要和欲望。

市场细分是按照消费者欲望与需求，把因规模过大导致企业难以服务的总体市场划分成若干具有共同特征的子市场，处于同一细分市场的消费群被称为目标消费群，相对于大众市场而言，这些目标子市场的消费群就是分众了。

（一）市场细分的前提

1. 顾客需求的差异性

顾客需求的差异性是指不同的顾客之间的需求是不一样的。在市场上，消费者总是希望根据自己的独特需求去购买产品，我们根据消费者需求的差异性可以把市场分为"同质性需求"和"异质性需求"两大类。同质性需求是指消费者需求的差异性很小，甚至可以忽略不计，因此没有必要进行市场细分。如煤炭、电力、钢铁、小型农用器具、针线等。而异质性需求是指由于消费者所处的地理位置、社会环境不同、自身的心理和购买动机不同，他们对产品的价格、质量款式的需求存在差异性。这种需求的差异性就是我们市场细分的基础。

2. 顾客需求的相似性

在同一地理条件、社会环境和文化背景下的人群形成有相对类似的人生观、价值观的亚文化群，他们的需求特点和消费习惯大致相同。正是因为消费需求在某些方面的相对同质，市场上绝对差异的消费者才能按一定标准聚合成不同的群体。所以消费者需求的绝对差异造成了市场细分的必要性，消费需求的相对同质性则使市场细分有了实现的可能性。

3. 企业有限的资源

现代企业由于受到自身实力的限制，不可能向市场提供能够满足一切需求的产品和服务。为了有效地进行竞争，企业必须进行市场细分，选择最有利可图的目标细分市场，集中企业的资源，制定有效的竞争策略，以取得和增加竞争优势。

（二）市场细分的依据

可以按照不同的依据，对市场进行不同的细分：①地理细分，是按地理特征细分市场，包括地形、气候、交通、城乡、行政区等因素；②人口细分，是按人口特征细分市场，包括年龄、性别、家庭人口、收入、教育程度、社会阶层、宗教信仰或种族等因素；③心理细分，是按照消费者的个性或生活方式等变量对客户细分；④行为细分，是对消费者行为的评估，如消费时机、追求利益、使用频率、品牌忠诚度、购买者的准备阶段、热情程度等。

二、目标市场及选择标准

所谓目标市场，就是指企业打算进入并实施相应营销组合的细分市场，或打算满足的具有某一需求的顾客群体。市场的构成包括人口、购买力、购买欲望三个要素。

选择目标市场的标准就是企业在对整体市场进行细分之后，要对各细分市场进行评估，然后根据细分市场的市场潜力、竞争状况和本企业资源条件等多种因素决定把哪一个或哪几个细分市场作为目标市场。一般而言，企业考虑进入的目标市场，应具备以下条件。

1. 有一定的规模和发展潜力

企业进入某一市场是期望有利可图，如果市场规模小或者趋于萎缩状态，企业进入后难以获得发展，此时，应审慎考虑，不宜轻易进入。而如果所选择的细分市场过于广阔，企业就会使自己的市场营销渠道铺得过宽而显得单薄，增加的销售额和利润就不足以弥补增加的开支。

2. 有足够的市场吸引力

吸引力主要是从获利的立场看市场长期获利率的大小。某目标市场可能具有适当的规模和增长潜力，但从利润立场来看不一定具有吸引力。决定目标市场是否具有长期吸引力的 5 个因素是：同行业竞争者、潜在的新加入的竞争者、替代产品、购买者和供货商。企业必须充分估计这 5 个因素对长期获利率所造成的影响，预测细分市场的预期利润是多少。

3. 符合企业的目标和资源

某些细分市场虽然有较大吸引力，但不能推动企业实现发展目标，甚至会分散企业的精力，使之无法完成主要目标，这样的市场应考虑放弃。另外，还应考虑企业的资源条件是否适合在某一细分市场经营。企业只有选择那些有条件进入、能充分发挥自身的资源优势的市场作为目标市场，才会立于不败之地。

三、目标市场营销策略

企业通过市场细分，从众多的细分市场中选择出一个或几个具有吸引力、有利于发挥企业优势的细分市场作为自己的目标市场，综合考虑产品特性、竞争状况和自身实力，针对不同的目标市场选择营销策略，如图 7-2 所示。目标市场营销策略可分为以下三种。

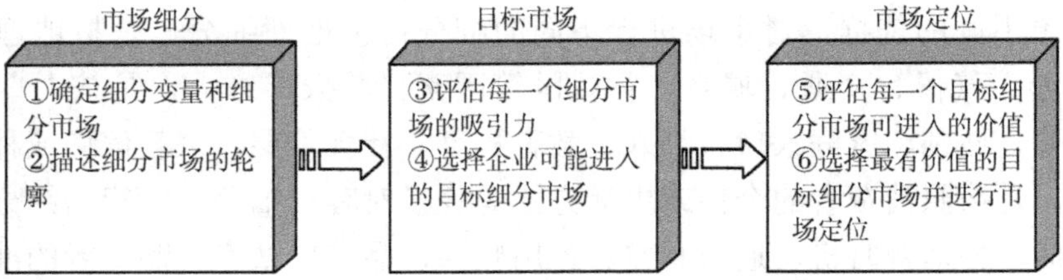

图 7-2　目标市场营销策略

1. 无差异化目标市场营销策略

企业不考虑各子细分市场的差异性，把整体市场作为目标市场，对所有消费者只提供一种产品，运用单一的营销方案，力求在一定程度上适合尽可能多的顾客需求。这种策略被形象比喻为“一把钥匙打开所有的锁”。可口可乐公司早期就采取了这种策略，以“可口可乐”一种产品，行销全世界许多国家；又如早期福特汽车公司标准化生产线全部生产黑色 T 型车。

无差异性营销的优点是由于产品单一，有利于标准化与大规模生产，从而降低研究开发、生产、储存、运输、促销等成本费用，能以低成本取得市场竞争优势。缺点是忽视了各子市场需求的差异性，企业难以长期采用。一旦竞争者采取差异化或集中化的营销策略，企业必须放弃无差异营销，否则，顾客会大量流失。

2. 差异化目标市场营销策略

企业面对已经细分的市场，选择两个或者两个以上的子市场作为市场目标，针对不同的子市场，推出不同的产品，推行不同的营销方案，以最大限度地满足各个子市场的需要。差异化并不是目的，而是手段，其最终目的是在客户心中形成差异，占领了客户的心智，也就占领了市场。差异化营销的核心思想是“细分市场，针对目标消费群进行定位，导入品牌，树立形象”。例如，宝洁公司的洗发水根据功能的不同进行差异化营销：“海飞丝”头屑去无踪，秀发更出众；“潘婷”令头发健康，加倍亮泽；“飘柔”让头发飘逸柔顺等。

差异化营销的优点是由于企业在产品设计、推销宣传等营销策略方面能针对不同的子市场，有的放矢，从而有利于提升产品的竞争力，提高市场占有率；而且还有利于建立企业及品牌的知名度。缺点是多品种生产，势必增加生产及营销成本，增加管理的难度。因此，该策略多为实力雄厚的大公司所采用。

3. 集中化目标市场营销策略

企业将所有的资源力量集中，以一个或少数几个性质相似的子市场作为目标市场，进行专业化经营，力图在较少的子市场上获得较大的市场占有率。

集中化营销的优点是目标市场集中，企业资源集中，能快速开发适销对路的产品，树立和强化企业与产品形象，也有利于降低生产成本，节省营销费用，增加企业盈利。此营销策略适合中小企业或初次进入新市场的大企业。缺点是目标市场狭小，经营风险较大。一旦市场需求突然发生变化，或出现更强的竞争对手，企业就可能陷入困境。

四、市场定位

所谓市场定位，是指企业在所选定的目标市场上塑造出本企业产品与众不同的鲜明个性或形象，使之在该细分市场上占有相应的竞争位置的营销策略。市场定位是市场营销战略体系中的重要组成部分，它对于树立企业及产品或品牌的鲜明特色、满足顾客的需求偏好，从而提升企业竞争实力具有重要的意义。杰克·特劳特曾说："所谓定位，就是使你的企业和产品与众不同，形成核心竞争力。"定位不是对产品做什么事，而是改变客户认知模式。

常用的市场定位的策略有以下几种。

（1）抢先定位。抢先定位又称领导者地位。一旦占领了心智资源，对竞争对手的压力不仅是灾难性的，而且是长期性的。

（2）比附定位。比附定位即通过与竞争品牌的比较来确定自身市场地位的一种定位策略。其实质是一种借势定位或反应式定位。借竞争者之势，衬托自身的品牌形象。在比附定位中，参照对象的选择是一个重要问题。一般来说，只有与知名度、美誉度高的品牌作比较，才能借势抬高自己的身价。如百事可乐与可口可乐的竞争，肯德基与麦当劳的竞争，佳洁士和高露洁牙膏的竞争等。

（3）市场补缺式定位。企业经调研后发现所面临的目标市场存在一定的市场缝隙和空间，而且自身所经营的商品又难以正面抗衡，这时企业应该把自己的位置定在目标市场的空当位置。企业突出宣传自己与众不同的特色，在某些有价值的产品属性上取得领先地位，如七喜饮料，定位为无咖啡因的汽水。

（4）重新定位。重新定位是指企业通过努力发现最初选择的定位战略不科学、不合理，营销效果不明显，继续实施下去很难成功获得强势市场定位时，及时采取的更换品牌、更换包装、改变广告诉求策略等一系列重新定位方法的总称。企业重新定位的目的在于能够使企业获得新的、更大的市场活力。

学生活动四：结合本组创业项目，进行市场细分，找到目标市场。

【学习目标四】知识解析：市场营销的策略

一、市场营销策略

市场营销策略是指企业以顾客需要为出发点，根据经验获得顾客需求量及购买力的信息、商业界的期望值，有计划地组织各项经营活动。

二、产品整体概念

产品是指能够从市场上得到的、用于满足人们某种欲望或需要的一切东西，包括有形物品，无形的服务和人员、组织、观念，或者它们的组合。菲利普·科特勒用五个基本层次来描述产品整体概念，即核心产品、基础产品、期望产品、附加产品、潜在产品。国内大多数学者一般将产品分为三个层次，即核心产品、形式产品和附加产品，如图7-3所示。

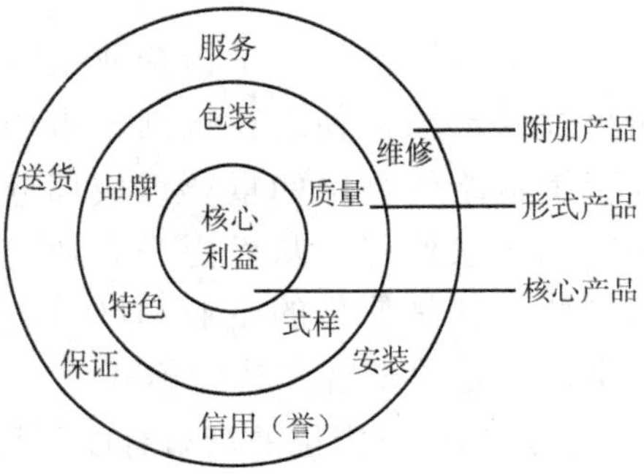

图 7-3 产品的三个层次

三、具体营销策略

营销策略可具体分为产品策略、价格策略、包装策略、渠道策略和促销策略等。

（一）产品策略

（1）核心产品——内在质量（第一质量）。核心产品也叫实质产品，它位于整体产品的中心，指向顾客提供的产品的基本效用或利益，是埋藏在产品之内、隐藏在消费行为背后的东西。例如，女士购买口红并不是为了获得口红本身，而是要满足爱美的需求。

（2）形式产品——外在质量。形式产品是指产品的本体，是核心产品借以实现的各种具体产品形式，即向市场提供的产品实体的外观，是消费者得以识别和选择的主要依据。形式产品一般表现为产品的形状、特点、包装、品牌等。

（3）附加产品——服务质量。附加产品也叫延伸产品，它是指消费者购买产品时随同产品所获得的全部附加服务与利益，从而把一个公司的产品与其他公司区别开来。附加产品包括产品的品质保证、送货上门、安装调试、维修、技术培训、融通资金等服务带来的附加价值以及由产品的品牌与文化、企业形象、员工技能与形象带来的价值等。

创业企业可以从这三个方面着手制定企业的产品策略，从而更好地为消费者服务。

（二）价格策略

价格策略和企业战略目标是一致的，并为企业经营战略目标服务，其总的要求是追求利润的最大化。由于企业定价应考虑的因素很多，因此企业定价的具体目标也多种多样。企业应结合自身的性质和经营状况，针对具体情况进行分析，权衡不同定价目标确立的依据和利弊，灵活确定自身的定价目标。可供企业选择与运用的具体定价目标通常有以下七种。

（1）以获取利润为定价目标。

（2）以扩大销售额为定价目标。

（3）以提高市场占有率为定价目标。

（4）以稳定价格为定价目标。

（5）以应付和防止竞争为定价目标。

（6）以维持企业生存为定价目标。

（7）以树立和维护企业形象为目标。

表 7-2 列举了美国大公司的定价目标，以供形象、具体地理解企业定价目标的内涵。

表 7-2　美国各大公司的定价目标

公司名称	定价主要目标	定价相关目标
阿尔卡公司	投资回报率（税前）为 20%；新产品稍高	追求定价稳定
美国制罐公司	保持市场占有率	应付竞争，保持价格稳定
西洋公司	增加市场占有率	全面促销（低利润率政策）
杜邦公司	目标投资回报率	保持长期交易
埃克森公司	合理投资回报率	保持市场占有率，追求价格稳定
通用电气公司	投资回报率（税后）20%；销售利润率（税后）7%	新产品促销，保持价格稳定
通用食品公司	毛利率 33.3%	保持市场占有率
通用汽车公司	投资回报率（税后）20%	保持市场占有率
固特异公司	应付竞争	保持地位，追求价格稳定
海湾公司	依据最主要的同业市场价格	保持市场占有率，追求价格稳定

（三）包装策略

包装策略是指设计、制作容器或包扎物，并运用容器或包扎物将产品盛放的一系列活动。包装的作用是容纳和保护商品、便于储运、促进销售、增加盈利等。包装设计应遵循以下原则：安全，便于运输、保管、陈列、携带和使用；美观大方，突出特色；与商品价值和质量水平相匹配；尊重消费者的宗教信仰和风俗习惯；符合法律规定；兼顾社会利益；绿色环保。

常用的包装策略有类似包装策略、等级包装策略、分类包装策略（同种产品不同包装）、配套包装策略、再使用包装策略、附赠品包装策略、更新包装策略。

（四）渠道策略

从流通的角度出发，营销渠道是指产品从生产者那里转移到消费者手里所经过的通道。营销系统中存在运动的营销流，菲利普·科特勒将它概括为商流、权流、货币流、信息流和促销流五种流。四川大学李蔚教授将营销流分为信息流、产品流、服务流、货币流、传播流和促销流六种流，并界定为营销线上流动着的流体的总和，他提出营销流的运行目标是流量最大化、流速最快化、增值最大化、衰减最小化。我们将其归纳为下面五种。

（1）信息流是营销线上流动着的信息的总和，它属于一种双向流，其流量的大小、流速的快慢、衰减的多少，直接影响着企业的决策准确性和获利时间长短。

（2）产品流是一种前向流，它的流向是由企业至顾客。推进产品流的大流量、快速度运动，是企业营销的根本目标。一旦产品流无法正常流动，企业经营就会走向瘫痪。

（3）服务流经常是作为产品的组成部分而出现的，是产品的延伸部分，因此应纳入产品流的范围进行管理。但服务流与产品结构的核心产品和形式产品又具有分离性，所以服务就被作为一个独立的流体而组成了营销流中的服务流。服务流是一种前向流，它是由企业向顾客流动的，它的起点是制造商，终点是中间商和顾客。服务流的流量和质量决定着产品流和货币流的流量与流速。

（4）货币流是营销线上流动着的全部货币，它是一种后向流，是由顾客向企业流动的。货币流的始点是中间商或顾客。货币流流量的大小和流速的快慢，直接决定着企业效益的高低，流量小、流速慢，企业就步履维艰；流量大、流速快，企业就高速发展。

（5）促销流是一种前向流，它是由企业向顾客流动的。企业要推动产品流的流动，必须首先有促销流的流动，通过促销流来带动产品流。促销流的始点是制造商和中间商，终点是中间商和顾客。促销流流量的大小和流速的快慢决定着产品流流量的大小和流速的快慢。促销流与其他营销流具有不同的性质，它主要是一种活动流，是由各节点的活动构成的，它经常在营销线的某一环节上运动，不一定贯穿营销线的始终。

（五）促销策略

促销是促进销售的简称，是指供应方通过人员或非人员的方式传播商品信息，帮助顾客熟悉商品或服务，并使其对商品或服务产生好感和信任，进而激起需求和购买行为的销售推广活动。对于许多企业而言，问题的关键不是要不要促销，而是选择什么样的促销手段，如何进行促销。企业常用的促销方式主要有如下四种。

（1）人员推销。人员推销有三种基本方式：一是派出推销人员深入到客户或消费者中间面对面地沟通信息，直接洽谈交易；二是企业设立销售门市部，由营业员与购买者沟通信息，推销产品；三是会议推销，会议推销方式具有直接、准确和双向沟通的特点。

（2）广告促销。广告促销是指通过报纸、杂志、广播、电视、网络等大众媒体，以及交通工具、空中气球、路牌、包装物等媒体向目标顾客传递信息，使广大消费者和客户对企业的产品、商标、服务、构想有所认识，并产生好感。广告的特点是传播面广、信息量大，可以在推销人员到达前或到达不了的地方，进行企业和产品宣传。

（3）营业推广。营业推广是企业为了从正面刺激消费者的需求而采取的各种促销措施，如有奖销售直接邮寄、赠送或试用“样品”、减价折扣销售等。其特点是可以有效地吸引顾客，刺激顾客的购买欲望，能在短期内收到显著的促销效果。

（4）公共关系。企业为了使公众理解企业的经营方针和策略，有计划地加强与公众的联系、建立和谐的关系、树立企业信誉而开展的记者招待会、周年纪念会、研讨会、表演会、赞助、捐赠等信息沟通活动。其特点是不以直接的短期促销效果为目标，通过宣传报道等形式，使潜在购买者对企业及其产品产生好感，并在社会上树立良好的企业形象。公共关系与广告的传播媒体有些相似，但它是以客观报道形式出现的，因而能取得广告所不可取代的效果。

上述四种促销方式的优缺点比较，如表 7-3 所示。

表 7-3 各促销方式的比较

促销方式	优点	缺点
人员推销	推销方式灵活、针对性强，可当面成交	占用人数多，费用大，接触面窄
广告促销	传播面广，形象生动，节省人力	针对性较差，说服力较小，不能促成及时交易
营业推广	吸引力大，效果明显，可促成即时交易	若使用不当，会引起顾客怀疑和反感
公共关系	影响面广，效果持久，可提高企业的知名度和美誉度	需花费较大精力和财力，效果难以控制

四、营销推广方法

一款新产品从问世到打开市场，拓宽销路，中间必然少不了一个推广的过程。一款已经在市场上开始销售的产品，要实现产品知名度和业绩的提升，也必然少不了推广。所以，产品的推广对于企业来说是一个很重要的环节，无论是产品知名度的提升、品牌的打造还是业绩的提升，都离不开推广，那么企业要如何推广自己的产品才能达到理想的效果呢？

创业公司一般都想低成本地进行推广，所以选择线上推广更加合适。线上推广可以借助于微博、微信、商贸平台、电子邮件、软文推广等方式。在这一过程中，要注意以下三点：一是要策划好整个投放方案（例如，如何借助文字、图片、视频等）；二是发布的信息要有互动性（例如，发布一些抽奖活动、一些有奖转发活动等）；三是要抓住用户眼球，温暖用户内心，引爆用户需求。

五、利用新媒体进行营销策划

营销的生命在于创新，创业企业要在数字和社交网络日益发展的、迅速变化的市场中创造顾客价值和建立营利性顾客关系，除了运用传统的营销方法，还要运用有效工具——从互联网、智能手机和平板电脑到网络、移动和社交媒体，从传统营销组合策略到“创意＋媒介”，再到“内容＋平台”，随时随地形成品牌对话、体验和社群。如果创业者能够很好地做到这些，就可以得到以市场份额、利润和顾客权益等形式表现的丰厚回报。

案 例

小米手机的营销策略

1. 产品策略

小米手机非常注重软件和硬件的高度结合，避免了信号不好、通话中断线等问题，提升了移动互联网的用户体验。而且，小米公司产品的更迭速度也非常快，已经推出十多个主要系列，这样可以保证手机的硬件和软件都能跟上时代的发展，满足消费者不断变化的消费需求。

小米手机非常注重用户体验，以消费者为中心，根据市场需求设计产品，产品的研究与开发采用用户参与其中的模式，相关工作人员会根据消费者合理的要求对产品进行改进。小米公司董事长兼 CEO 雷军也曾表示，让更多的用户体验和使用黑科技，享受科技带来的乐趣，是小米永恒的理念，相比追求利润，追求产品体验更有前途，相比产品渠道层层加价，真材实料、定价厚道的产品终究会更得人心。

2. 价格策略

很多因素会影响消费者的消费需求，但其中最重要的也是最大的影响因素是产品价格。所以，企业如果想实现利润最大化，就要制定一个合理的产品价格。小米手机的价格优势正是促进小米销售量的一个重要因素。红米手机 4 售价最低至 699 元；2015 年 3 月小米"米粉节”中，小米 4 的 2GB 版与标准版小米 4 其他配置完全相同，内存调整至 2GB，定价 1699 元，小米 4 标准版也降价 200 元，而且对 10 天内已经购买的老用户也给予了 200 元的优惠券作为补贴。

3. 渠道策略

好的营销渠道在给企业带来收益的同时，还能降低企业的生产成本，为企业创造源源不断的利润，巩固企业的市场地位。小米手机采用的是网上直销的渠道策略，在小米官网上进行产品的售卖，官网会第一时间发布新产品的相关信息。网络销售不仅可以省去中间环节，降低生产成本，而且还作为一个桥梁把生产者和消费者联系起来，让企业更充分地了解消费者的需求，设计出消费者更满意的产品。

4. 促销策略

（1）微博营销。微博营销就是通过每天更新大家感兴趣的内容与大家进行互动交流，最终达到营销的目的。微博营销已成为一种很重要的营销手段，许多互联网大佬们都会利用微博进行营销。

2012 年 11 月 21 日至 2012 年 12 月 29 日，小米手机的粉丝呈爆炸式增长，短短一个多月的时间增长了 76 万；2013 年，小米的一条有关“新浪微博社会化网购首单”的微博被转发 260 万次、粉丝达 150 万；2015 年，在小米的印度发布会上，雷军一首《Are You OK》让很多消费者“路转粉”，雷军更是在微博上用“Are You OK”来进行自我调侃，吸引了很多用户的眼球。

在新产品正式发布之前，雷军都会通过微博事先发布新产品预订、新产品售卖的相关信息，并与“米粉”们进行交流，回答粉丝们关于小米手机的疑问；也会利用微博发布有奖转发的活动；小米团队还会在微博上与粉丝们进行充分的交流互动，为用户答疑解惑。

（2）充分利用直播秀。2016 年 8 月 15 日，雷军进行了一场“小米 5 黑科技实验”直播，通过直播的方式进行现场实验演示，讲解了小米 5 搭载的诸多黑科技，掀起了一场黑科技的普及风暴，让用户们充分了解到小米 5 的工艺和性能。雷军在直播中透露，小米 5 将特惠 200 元，让更多的用户体验科技带来的乐趣。

（3）高调的发布会。2011 年 8 月 16 日，小米创始人雷军在北京召开小米手机第一场发布会，引起许多媒体和消费者的关注，为小米手机的上市做了良好的铺垫。

（4）饥饿营销。饥饿营销并不是随意削减产量，在这之前要对市场的产品容量进行准确的调查和评估，在此基础上再制订产品的生产计划。小米手机每次上市，基本都会出现一机难求的局面，很多消费者多次抢购都没有成功，而越是这样就越吸引消费者对小米手机的关注。

资料来源：陈丽.浅析小米手机的营销策略. http://www.fx361.com/page/2017/1128/2542762.shtml. 2017-11-28. 内容有删改

学生活动五：阅读上面的关于市场营销策略方面的内容后，小组从产品、价格、渠道、促销等方面推广项目，制定市场营销策略。

____

____

____

____

学习目标检测

（通过提问的方式检测）：

1. 描述本组项目的目标客户。
2. 描述本组项目的价值主张。
3. 说出本组项目的目标市场。

主题八　商业模式的设计

学习目标

通过本主题的学习，学生将能够：

1. 描述商机画板；
2. 解释商业模式的概念；
3. 列举出商业模式包含的要素；
4. 根据小组项目，使用商业模式画布设计商业模式；
5. 每组 CEO 可以讲清商业模式。

学生活动一：小组根据本组项目，讨论并描述商机画板。

【学习目标一】知识解析：商机画板

商机画板主要有三方面内容：①项目名称，即简单扼要地说明项目，需要明确主题，说明重点，可以使用主名称＋副标题的方式命名，如“小米电视——打造年轻人的第一台电视”；②商机描述，即项目的资源分析，如项目有什么，能做什么，市场缺什么，怎么样建立供应渠道，项目的价值在哪里，等等；③需求描述，即说明要实现的项目目标，需要什么条件和帮助，如资金、场地、人员、技术、政策等。

商　机　画　板

项目名称：____

商机描述：____

____

____

____

需求描述：____

____

____

____

学生活动二：小组间针对商机画板进行描述分享，同伴互评。

案例导入

盒马鲜生——新零售的典范

作为阿里新零售标杆，盒马鲜生打造线上线下生鲜超市，消费者可到店购买，也可以在盒马APP下单。而盒马鲜生最大的特点之一就是快速配送：门店附近3公里范围内，30分钟送货上门。仅2017年1月，盒马鲜生就在全国5个城市连开6家门店。

1. 全球直采价格更低

在盒马鲜生看到，店内的商品以生鲜为主，包括肉类、蔬果、海鲜等。盒马鲜生采取全国直接采购的模式，能以更平民的价格、更高品质的商品服务消费者。与很多生鲜超市不同，盒马鲜生的6 000多个销售产品中，海鲜产品占比颇多，这与内陆城市的生鲜超市有明显不同。而盒马鲜生店的生鲜价格堪称劲爆：来自俄罗斯的深海帝王蟹 499 元/只，英国面包蟹 59.9 元/只，智利车厘子 29.9 元/斤，秘鲁红提 15.9 元/斤。由于通过全球直采模式，盒马鲜生缩短了供应链，成本自然降低。同时，不收取进场费、促销费等传统线下商业的种种杂费，将节省下来的成本让利给消费者。因此，盒马鲜生价格更低。

2. 30分钟送到家的鲜美生活

在阿里巴巴新零售生态里，盒马鲜生一直被寄予厚望，不管是马云还是集团 CEO 张勇，都多次到盒马鲜生消费，为其站台打 call。既然是新零售产物，除了价格和品质优势，盒马鲜生还有重要的一个特点——快捷，即门店附近 3 公里范围内，30 分钟送货上门。因此，网友把在盒马鲜生配送范围内的小区，称为“盒区房”。

盒马鲜生相关负责人介绍，以成都首家盒马鲜生店为例，店内招聘了100位骑手，辐射 30 万人，不管是高峰期还是促销节，都能保证商品准时送达。而在重庆，2017 年年底也实现了盒马鲜生的一小时达，让市民足不出户就能享受一日三餐的配送服务。盒马鲜生的配送不仅更快，商品品类还更多，如果消费者不方便做，还可直接在盒马鲜生现场加工，吃现成。

3. “收银台”不收银

从 2017 年开始，阿里的无人超市就赚足了噱头，虽然盒马鲜生并没有无人超市那么多“黑科技”，但是店内的科技含量一点也不低。盒马鲜生店内的“收银台”并不收银，所有的支付都被搬到了线上。顾客拿了一些商品到收银台体验，拿出商品的二维码在扫码区扫一扫，价格就会同步显示在屏幕上。等所有商品录入完毕，只需打开 APP 通过支付宝完成支付即可，全程都不需要工作人员参与。

这些消费数据将形成大数据，盒马鲜生后台进行分析后，会根据这些数据调整供应链，实现门店、供应链、商品的数字化管理。得益于对顾客消费习惯的“了然于心”，盒马鲜生的损耗率一直保持在5%以下，大大降低了成本。

4. 本土改造适应当地口味

成都人一直喜欢吃重油、重盐、麻辣鲜香的川菜，发源于上海的盒马鲜生在口味及商品引进上是否水土不服呢？盒马鲜生在各地的扩张非常注重本地化，员工招聘主要以最熟悉当地市场的本地员工为主，对成都市场及消费者口味非常熟悉。例如，成都人喜欢吃火锅，盒马鲜生特意开发海鲜小火锅、鱼头火锅；引进成都当地网红商家棒棒鸡传奇、高记盆盆虾；海鲜加工也增加了鲜椒、泡椒、豉椒等三种经典川式辣炒方法，让海鲜吃出满口的川味儿。此外，盒马鲜生还在成都当地采购了许多特色商品，如双流草莓、峨眉山冷水鱼等。盒马鲜生鲜生策划人说，通过本地特产与供应源头的对接，盒马将助力当地农产品销售，助推农业供给侧结构性改革。

资料来源：张宇.阿里新零售标杆盒马落户成都　生鲜 30 分钟送到家. http://e.chinacqsb.com/html/201802/01/content_10550.html.2018-02-01. 内容有删改

学生活动三：结合以上案例，解释什么是商业模式。

____

____

____

____

【学习目标二】知识解析：商业模式

商业模式是一种包含了一系列要素及其关系的概念性工具，用以阐明某个特定实体的商业逻辑。它描述了公司所能为客户提供的价值以及公司的内部结构、合作伙伴网络和关系资本（relationship capital）等借以实现（创造、推销和交付）这一价值并产生可持续盈利收入的要素。

虽然商业模式这个词已经广为人知，但由于这个词真正变得流行也不过 20 年的时间，对它的定义并没有举世公认的标准版本。在各种定义版本中，哈佛商学院教授克莱顿·克里斯坦森的解释是：商业模式就是如何创造和传递客户价值与公司价值的系统。虽然每个人对商业模式包含的元素理解各不相同，但对这个词的定义应该都可以接受。主要的商业模式有如下几种。

1. 互联网模式

在互联网模式下，主营业务通过免费、补贴等方式获取用户，再导流，通过其他业务获取利润。例如，奇虎 360 杀毒软件通过服务免费的形式获得用户，通过广告、游戏分成、电子商务导流获得利润；用微信去打车，订机票，订酒店，微信不收钱，但从酒店、机票获取分成。互联网模式的核心是提高效率。例如，微信是提高沟通效率；电商是提高购物效率。互联网公司的基本商业逻辑是，APP 免费使用（如美图、微信、百度免费使用），圈定了大量的用户后，赚扣点，赚分成。互联网模式认为让它赚钱的不是产品，而是用户。

2. 连锁模式

连锁模式的核心是复制的能力。如 7 天连锁酒店、如家酒店、绝味鸭脖王等。

3. 直销模式

直销模式的核心为裂变和培训，是把省下的投资、省下的开支、省的钱分给顾客。直销公司的培训重点为培训模式、公司文化和产品。所有直销公司都是培训公司，都是让顾客自愿地分享、传播、转介绍，把投资成本砍掉，加强顾客的教育培训，把省下来的成本分配给愿意再分享的消费者。直销模式的逻辑：公司—教育—消费者—分享—消费商—消费者，教育顾客，带动顾客分享，从而产生裂变。

4. 金融模式

如京东金融集团以及阿里巴巴集团旗下的蚂蚁金融服务集团都属于金融服务公司。

5. 资本运作模式

资本运作模式的核心是放大价值的能力。如京东商城在投资人的要求下，先低价卖家电，有了大量的用户后，再建立了自己的物流，开始和阿里巴巴对抗，成为电商平台，然后进行团队升级，资源对接，技术升级，不断地放大价值。

6. 产业整合模式

产业整合模式的核心是整合。如中国的服装从款式到生产到门店，需要 90 天，而 ZARA 只要 4 天，因为 ZARA 采用产业整合模式。

学生活动四：结合商业模式概念，独立列出商业模式包含的要素。

____

____

____

____

【学习目标三】知识解析：商业模式包含的要素

商业模式包含哪些元素呢？克莱顿·克里斯坦森认为包括 4 个要素：客户价值主张、盈利模式、关键资源和关键流程。通俗一点来说就是以下 4 点：第一，你能给客户带来什么价值？第二，给客户带来价值之后你怎么赚钱？第三，你有什么资源和能力同时能带来客户价值和公司盈利？第四，你如何同时带来客户价值和公司盈利？《商业模式新生代》的作者亚历山大·奥斯特瓦德和伊夫·皮尼厄则把商业模式分成 9 个要素：价值主张、客户细分、客户关系、关键业务、核心资源、关键合作、分销渠道、成本结构和收入来源。分析这 9 个要素，就会发现价值主张和客户细分关系到客户价值主张，成本结构和收入来源关系到盈利模式，其他 5 个要素则可以分别归结为关键资源和关键流程。

客户价值主张是商业模式的核心要素，也是其他几个要素的预设前提。这也符合最基本的商业逻辑：你想赚钱？好！请问你能给别人带来什么价值？如果不能给别人带来价值，是赚不到钱的。商业的本质是价值交换，要交换价值首先就得创造价值，因此有两个问题创业者一定要搞清楚：你的目标客户是谁？你能为他们提供什么价值？

这个问题并不复杂，但还是有很多创业公司没搞清楚。技术类创业公司更容易走入一个认知误区：只要技术足够强，客户自然会乖乖地买单。其实，市场需求和技术领不领先是两回事，很多看上去很炫的技术，几乎是没有市场的。很多科研成果看上去很炫，但能够转化为市场需求的产品不到 10%！这也是大多数技术创新类公司失败的主要原因。

在这个方面的成功案例是脑白金。你可能很不喜欢脑白金的广告，但是它的客户价值主张定位非常成功。它的目标客户并不是产品消费者，而是那些想要用不多的钱买一份体面礼物的年轻人。它的价值主张也不是睡眠和健康，而是一种情感表达的载体。因此，很多人到超市给父母买礼物，第一反应就是“送礼要送脑白金”。

光有客户价值主张还不够，你还得有好的盈利模式。很多互联网公司容易走入这样一个误区，即只要我们的用户达到 1 000 万，其中有 10%的人付费，那么我们就能赚很多很多钱！其实，在大多数时候，这只能是一个故事，有盈利可能和有实际的盈利模式是两回事，因为盈利需要有合理的收入模式和成本结构，这是很多公司不具备的。

例如，很多互联网媒体公司的主要收入来源是广告。但熟悉互联网的人都知道，互联网广告是一个“赢家通吃”的市场，1%的公司占据了 90%的市场份额。如果你做不到某一个细分市场的前三位，你所能得到的广告收入基本上微不足道。加上大多数互联网公司烧钱都很厉害，成本结构非常不合理，由此导致这些公司的盈利模式基本上“一塌糊涂”。

当然，很多创业者也想得很清楚，他们从消费者手中是赚不到钱的，他们要赚的是投资者的钱。的确，有些创业者成功地从投资者手里拿了很多钱，但就是没有盈利，这样的故事往往结局不太好，因为投资者的耐心往往是有限的。饼画得再圆，总有一天要兑现。如果过了一定的时间还是不能盈利，公司的价值基本上就为零，自然也不会赢得投资者的青睐。

如果说客户价值主张和战略相关，盈利模式和销售与运营相关，那么关键资源和关键流程则考验的是一个企业的执行能力。谷歌的“关键资源”就是那些天才的工程师，“关键流程”则是谷歌公司鼓励创新的公司制度、企业文化和日常管理工作，这些流程确保谷歌的创新具有可复制性和扩展性，从而不断开发出一个又一个具有颠覆性创新的产品。这一点往往是很多创业者容易忽视的。制度和流程建设是大多数创业公司的软肋，他们往往迷信于创业者的个人能力，而忽视了在制度和流程方面的建设。这样的疏忽往往会导致这些企业熬不过初创期，或者熬过去了，也长不大。

【学习目标四】知识解析：商业画布

商业画布用一个不同以往的方法，使商业模式的讨论变得更有效率。因为不论什么模式，其本质都是描述企业如何创造价值、传递价值、获取价值的基本原理。

于是我们可以将商业画布分为4个视角，更进一步可以分为 9 个板块，如图 8-1 所示。

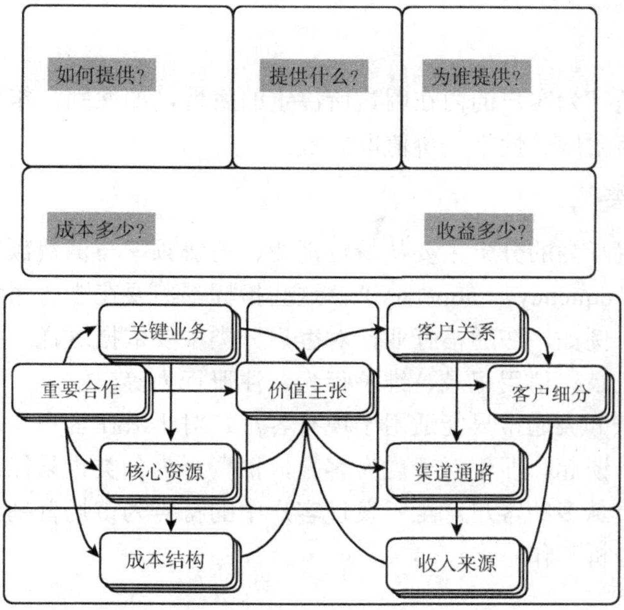

图 8-1　商业画布

下面就详细介绍这 9 个板块。

一、客户细分

客户细分（customer segments，CS）是用来描绘一个企业想要接触和服务的不同人群或组织。客户构成了任何商业模式的核心。没有（可获益的）客户，企业就无法长久地生存。企业可能把客户分成不同的细分类别，每个细分类别中的客户都具有共同的需求、共同的行为和其他共同的属性。到底该服务哪些客户细分群体，该忽略哪些客户细分群体，一旦企业做出决议，就可以凭借对特定客户群体需求的深刻理解，仔细设计相应的商业模式。也就是说，千万不要想去做所有人的生意！特别是初创企业，要学会抵御诱惑，放弃一大部分的可能性。

客户细分是20世纪50年代中期由美国学者温德尔•史密斯提出的，其理论依据在于顾客需求的异质性和企业需要在有限资源的基础上进行有效的市场竞争．是指企业在明确的战略业务模式和特定的市场中，根据客户的属性、行为、需求、偏好以及价值等因素对客户进行分类，并提供有针对性的产品、服务和销售模式．按照客户的外在属性分层，通常这种分层最简单直观，数据也很容易得到。一般来说，细分可以根据以下三个方面的考虑来进行。

1. 外在属性

外在属性包括客户的地域分布，客户的产品拥有，客户的组织归属——企业用户、个人用户、政府用户等。通常，这种分层最简单、直观，数据也很容易得到。但这种分类比较粗放，我们依然不知道在每一个客户层面，谁是“好”客户，谁是“差”客户。我们能知道的只是某一类客户（如大企业客户）较之另一类客户（如政府客户）可能消费能力更强。

2. 内在属性

内在属性指的是行为客户的内在因素所决定的属性，如性别、年龄、信仰、爱好、收入、家庭成员数、信用度、性格、价值取向等。

3. 消费行为分类

不少行业对消费行为的分析主要从最近消费、消费频率与消费额三个方面考虑，即所谓 RFM（recency，frequency，monetary）。这些指标都需要在账务系统中得到，但并不是每个行业都能适用。例如，在通信行业，对客户分类主要依据这样一些变量：话费量、使用行为特征、付款记录、信用记录、维护行为、注册行为等。

按照消费行为来分类通常只能适用于现有客户，对于潜在客户，由于消费行为还没有开始，所以分层无从谈起。即使对于现有客户，消费行为分类也只能满足企业客户分层的特定目的，如奖励贡献多的客户。至于发现客户中的特点为市场营销活动找到确定对策，则要做更多的数据分析工作。

二、价值主张

价值主张（value propositions，VP）是指对客户来说什么是有意义的，即对客户真实需求的深入描述。罗列全部优点、宣传有利差、突出共鸣点是供应商制定“价值主张”通常所用的三种方法。对于客户价值主张，在实际操作中体现在客户选择产品或服务时的几项关键指标。如客户在采购大型设备时主要关注质量、售后服务、价格、品牌等方面。

价值主张用来描绘为特定客户细分创造价值的系列产品和服务。它解决了客户痛点或者满足了客户需求，是客户选择你而非别人的重要原因。每个价值主张都包含可选系列产品或服务，以迎合特定客户细分群体的需求。在这个意义上，价值主张是公司提供给客户的受益集合或受益系列，是公司在市场上存在的理由。

价值主张可分为两类：一类可能是创新的，并表现为一个全新的或破坏性的提供物（产品或服务）；而另一类则是与现存市场提供物（产品或服务）类似，只是增加了功能和特性。

要想得到稳健而持续的发展，企业应该做好三件事：第一件事，对顾客价值取向的发展趋势做出正确的判断，对未来市场竞争趋势作出正确的阶段性预测。第二件事，根据自己的资源结构特点，进行战略选择。如长虹凭借资金与规模优势，坚决奉行全面成本领先策略，因此在价格战中，始终掌控住了竞争的主导权。2003 年后，虽然由于顾客价值取向的变化，长虹在中高档市场成为跟跑者，但是在价格战再次爆发的时候，它又迅速地夺回了市场的主导权。与长虹相反，海信是产品创新领先战略的楷模，在众多厂家不顾一切地投身价格战的岁月里，它始终坚持数字电视技术与产品的研发，等到 2003 年，顾客价值取向出现变化时，它迅速脱颖而出，成为市场领跑者。第三件事，在顾客价值取向发生不利于自身战略的转变时，要做出色的跟跑者，海信虽然是产品创新领先战略的代表企业，但在价格战中并没有置身事外，而是使自己成为最靠近长虹的跟跑者之一。正因为如此，在顾客价值取向发生变化时，才能在最短的时间内超越所有对手，成为市场的新领导者。

供应商制定“价值主张”的方法通常有如下三种：第一，罗列全部优点——优点能力列举。当需要制定客户价值主张时，大多数经理只是将自己认为产品可能给目标客户带来的种种益处全部罗列出来，多多益善。使用这种方法，要求对客户及竞争对手的了解最少，因此工作量也最小。然而，这种相对简单的方法存在一大缺陷：经理们声称自己的产品功能具有各种优点，但实际上它们对目标客户毫无益处。第二，宣传有利差——和对手进行差别化竞争。差异点这种类型的价值主张明确承认客户可以有其他选择，重点宣传对自己有利的差异点。供应商必须突出自己与竞争对手的不同之处，这要求公司对次优替代品了如指掌。然而，某一产品或服务可能存在多个差异点，如果对客户需求和偏好缺乏深入的了解，供应商可能会将工作重点放在那些对目标客户价值较低的差异点上。第三，突出共鸣点——强调自己的价值。想要提供这样的客户价值主张，供应商必须抓住目标客户最看重的几个要素展示自己产品的优势，向客户证明这种卓越产品性能的价值，并且在沟通中表明自己十分了解客户的业务重点。

三、渠道通路

渠道通路（channels，CH）是用来描绘公司如何沟通、接触其客户细分，传递其价值主张和进行销售的渠道，它是公司相对于客户的接口界面。渠道通路是客户接触点，它在客户体验中扮演着重要角色。

渠道通路包含以下功能：

（1）提升公司产品和服务在客户中的认知。

（2）协助客户购买特定产品和服务。

（3）向客户传递价值主张。

（4）提供售后客户支持。

作为市场一线的优秀销售人员，往往60%以上的时间和精力用于建立、维护和管理销售网络，其余40%的精力主要用于竞争对手、经销商、用户、公司产品等信息的收集与反馈，公司产品、价格及促销定位与建议，与公司保持良好的沟通，与媒体政府处理和协调好关系，个人的日常行政工作，等等。

四、客户关系

客户关系（customer relationships，CR）是指企业为达到其经营目标，主动与客户建立起的某种联系。这种联系可能是单纯的交易关系，也可能是通信联系，也可能是为客户提供一种特殊的接触机会，还可能为双方利益而形成某种买卖合同或联盟关系。

客户关系具有多样性、差异性、持续性、竞争性、双赢性的特征。它不仅可以为交易提供方便，节约交易成本，也可以为企业深入理解客户的需求和交流双方信息提供许多机会。

客户关系用来描绘公司与特定客户细分群体建立的关系类型，企业应该弄清楚其希望和每个客户细分群体建立的关系类型，它可以被以下几个动机所驱动。

（1）客户获取。

（2）客户维系。

（3）提升销售额（追加销售）。

例如，不少移动网络运营商的客户关系是由积极的客户获取策略所驱动，包括入网赠送免费移动电话或者进行补贴。当市场饱和后，运营商转而聚焦客户保留以及提升单客户的平均贡献度［ARPU（average revenue per user）值］。淘宝的客户关系就是提供体验度很高的网上购物平台给卖家和买家，利用不断升级的服务保持客户的黏性。化妆品利用较高人气的广告、持续性的市场曝光度和良好的品牌形象来保持客户关系。

常见的客户关系有如下几种：

一是买卖关系。一些企业与其客户之间的关系维持在买卖关系水平，客户将企业作为一个普通的卖主，销售被认为仅仅是一次公平交易，交易目的简单。企业与客户之间只有低层次的人员接触，企业在客户企业中知名度低，双方较少进行交易以外的沟通，客户信息极为有限。客户只是购买企业按其自身标准所生产的产品，维护关系的成本与关系创造的价值均极低。无论是企业损失客户还是客户丧失这一供货渠道，对双方业务并无太大影响。

二是供应关系。企业与客户的关系可以发展成为优先选择关系。处于此种关系水平的企业，销售团队与客户企业中的许多关键人物都有良好的关系，企业可以获得许多优先的甚至独占的机会，与客户之间信息的共享得到扩大，在同等条件下乃至竞争对手有一定优势的情况下，客户对企业仍有偏爱。在此关系水平上，企业需要投入较多的资源维护客户关系，主要包括给予重点客户销售优惠政策、优先考虑其交付需求、建立团队、加强双方人员交流等。此阶段关系价值的创造主要局限于双方接触障碍的消除、交易成本的下降等“降成本”方面，企业对客户信息的利用主要表现在战术层面，企业通对客户让渡部分价值来达到交易长期化之目的，可以说是一种通过价值向客户倾斜来换取长期获取价值的模式，是一种“不平等”关系。客户由于优惠、关系友好而不愿意离开供应商，但其离开供应商并不影响其竞争能力，关系的核心是价值在供应商与客户之间的分配比例和分配方式。

三是合作伙伴。当双方的关系存在于企业的最高管理者之间，企业与客户交易长期化，双方就产品与服务达成认知上的高度一致时，双方进入合作伙伴阶段。在这个阶段，企业深刻地了解客户的需求并进行客户导向的投资，双方人员共同探讨行动计划，企业对竞争对手形成了很高的进入壁垒。客户将这一关系视为垂直整合的关系，客户企业里的成员承认两个企业间的特殊关系，他们认识到企业的产品和服务对他们的意义，有着很强的忠诚度。在此关系水平上，价值由双方共同创造，共同分享，双方对关系的背弃均要付出巨大代价。企业对客户信息的利用表现在战略层面，关系的核心由价值的分配转变为新价值的创造。

四是战略联盟。双方有着正式或非正式的联盟关系，双方的目标和愿景高度一致　双方可能有相互的股权关系或成立合资企业。两个企业通过共同安排争取更大的市场份额与利润，竞争对手进入这一领域存在极大的难度。现代企业的竞争不再是企业与企业之间的竞争，而是一个供应链体系与另一个供应链体系之间的竞争，供应商与客户之间的关系是“内部关系外部化”的体现。

这四类关系并无好坏优劣之分，并不是所有企业都需要与客户建立战略联盟。只有那些供应商与客户之间彼此具有重要意义且双方的谈判能力都不足以完全操控对方，互相需要，又具有较高转移成本的企业间，建立合作伙伴以上的关系才是恰当的。而对大部分企业与客户之间的关系来说，优先供应级关系就足够了。因为关系的建立需要资源，如果资源的付出比企业的所得还多，那么这种关系就是“奢侈的”。

五、收入来源

收入来源（revenue streams，RS）用来描绘公司从客户群体中获取的现金收入。如果说客户是商业模式的心脏，那么收入来源就是动脉。企业必须问自己，什么样的价值能够让各客户细分群体真正愿意付款？只有回答了这个问题，企业才能在各客户细分群体上发掘一个或多个收入来源。每个收入来源的定价机制可能不同，如固定标价、谈判议价、拍卖定价、市场定价、数量定价或收益管理定价等。一个商业模式可以包含几种不同类型的收入来源，如通过客户一次性支付获得的交易收入，经常性收入，来自客户为获得价值主张与售后服务而持续支付的费用，转移支付。

六、核心资源

核心资源（key resources，KR）是用来描绘让商业模式有效运转所必需的最重要因素。每个商业模式都需要核心资源，这些资源使得企业、组织能够创造和提供价值主张、接触市场、与客户细分群体建立关系并赚取收入。不同的商业模式所需要的核心资源也有所不同。微芯片制造商需要资本密集型的生产设施和固定资产投入，而芯片设计商则需要更加关注“高精尖”的人才资源。核心资源包括核心能力和核心资产，核心资源可以是实体资产、金融资产、知识资产或人力资源。核心资源既可以是自有的，也可以是公司租借的或从重要伙伴那里获得的。

核心资源可以分为以下几类：一是实体资产。诸如生产设施、不动产、汽车、机器等。二是知识资产。知识资产包括品牌、专有知识、专利和版权、合作关系和客户数据库，这类资产日益成为强健商业模式中的重要组成部分。知识资产的开发很难，但成功建立后可以带来巨大价值。三是人力资源。任何一家企业都需要人力资源，在某些商业模式中，人力资源更加重要。如，在知识密集产业和创意产业中人力资源是至关重要的。四是金融资产，有些商业模式需要金融资源或财务担保，如现金、信贷额度或用来雇用关键雇员的股票期权。电信设备制造商爱立信提供了一个在商业模式中利用金融资产的案例：爱立信可以选择从银行和资本市场筹资，然后使用其中的一部分为其设备客户提供卖方融资服务，以确保是爱立信而不是竞争对手赢得订单。成功的企业都有其核心资源，如大众汽车的核心资源就是汽车设计和制造组装能力，用友公司的核心资源就是财务软件和企业经营管理的 ERP（enterprise resource planning，企业资源计划）能力，碧桂园的核心资源就是房地产建设销售能力。

七、关键业务

关键业务(key activities，KA)用来描绘为了确保其商业模式可行，企业必须做的“最重要”的事情。任何商业模式都需要多种关键业务活动，这些业务是企业得以成功运营所必须实施的动作。正如核心资源一样，关键业务也是创造和提供价值主张、接触市场、维系客户关系并获取收入的基础。而关键业务也会因商业模式的不同而有所区别。例如，对于微软等软件制造商而言，其关键业务是软件开发；对于戴尔等电脑制造商来说，其关键业务主要是供应链管理；对于麦肯锡等咨询企业而言，其关键业务主要是问题求解。关键业务可以分为以下几类：一是制造产品。这类业务活动涉及生产一定数量或满足一定质量的产品，与设计、制造及发送产品有关，制造产品这一业务活动是企业商业模式的核心。二是解决问题。这类业务指的是为个别客户的问题提供新的解决方案。咨询公司、医院和其他服务机构的关键业务是解决问题。它们的商业模式需要知识管理和持续培训等业务。三是平台/网络。以平台为核心的商业模式，其关键业务都是与平台或网络相关的。网络服务、交易平台、软件甚至品牌都可以看成是平台。eBay 的商业模式决定了公司需要持续地发展和维护其平台 eBay.com 网站；而维萨（Visa）的商业模式需要为商业客户、消费者和银行服务的 Visa 信用卡交易平台提供相关的业务活动；微软的商业模式则是要求管理其他厂商软件与其 Windows 操作系统平台之间的接口，该商业模式的关键业务与平台管理、服务提供和平台推广相关。

八、重要合作

重要合作（key partnerships，KP）用来描述让商业模式有效运作，所需的供应商与合作伙伴的网络。企业会基于多种原因打造合作关系，合作关系正日益成为许多商业模式的基石。很多公司采取创建联盟的策略来优化其商业模式、降低风险或获取资源。我们可以把合作关系分为以下四种类型：一是在非竞争者之间的战略联盟关系；二是在竞争者之间的战略合作关系；三是为开发新业务而构建的合资关系；四是为确保可靠供应，构建的“购买方—供应商”关系。

九、成本结构

成本结构（cost structure，CS）用来描绘运营一个商业模式所引发的所有成本。创建价值和提供价值、维系客户关系以及产生收入都会引发成本投入。这些成本在确定关键资源、关键业务与重要合作后可以相对容易地计算出来。然而，有些商业模式，相比其他商业模式更多的是由成本驱动的。例如，那些号称“不提供非必要服务”（no frills）的航空公司，是完全围绕低成本结构来构建其商业模式的。成本结构可以反映产品的生产特点，从各个费用所占比例看，有的大量耗费人工，有的大量耗用材料，有的大量耗费动力。有的大量占用设备引起折旧费用上升等。成本结构在很大程度上还受技术发展、生产类型和生产规模的影响。

分析成本结构可以帮助经理人看清楚，在他管理的团队、业务、公司中，哪部分花的钱多了，哪部分少了。如果你是总经理，就需要看一看，产品成本超过了总成本的六成，是不是有点多了？能否提高生产效率，降低产品成本？销售行政及管理费位居第三位，是研究开发费的 3 倍，是不是有点多了？研究开发费是不是有点少了？它帮助经理人看清楚，实现 100 元钱（或者 1 元钱）的销售收入，需要投入多少钱的成本费用。如惠普每实现 100 美元的销售收入，就得投入 93 美元，每 1 美元销售需要花费 93 美分来获得。它帮助经理人看清楚，自己与竞争对手有没有差距，差距在哪里。虽然从销售收入看，惠普 2006 财年一举超过了它的竞争对手 IBM，成为世界上最大的信息技术公司，但是从成本结构看，它与 IBM 还有一定的差距。比如，IBM 的研究开发费用占总成本的 7.27%，几乎是惠普的两倍；IBM 每实现 1 美元的销售收入，花费 85 美分，比惠普少花 8 美分。

从四个视角把这九大板块理顺之后，我们就可以一窥整个商业模式的画布（图 8-2）。

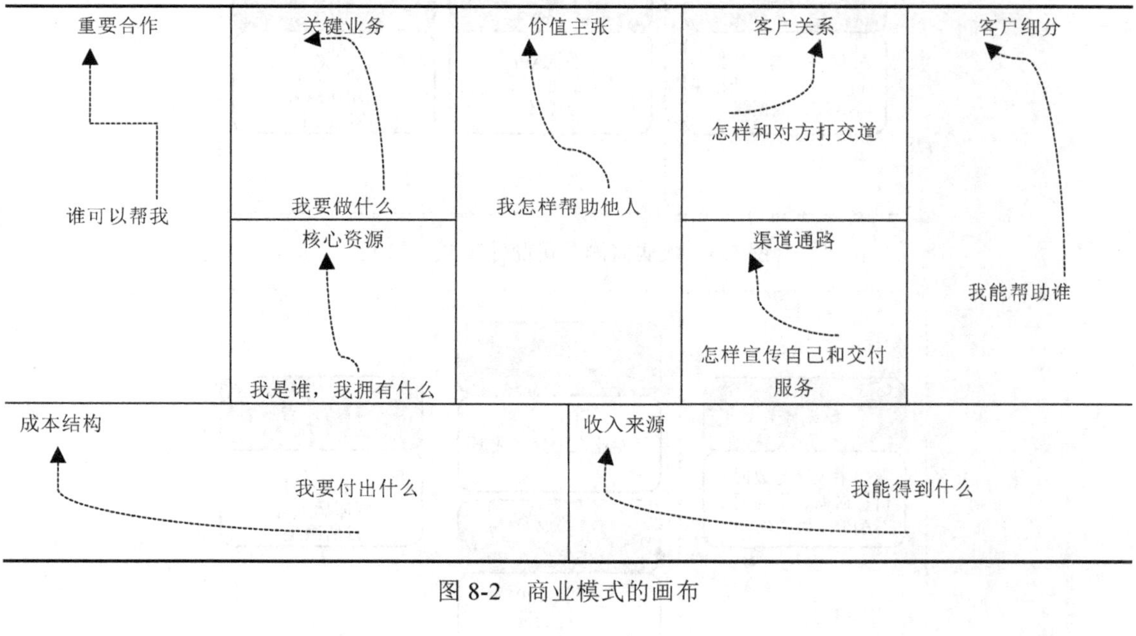

图 8-2 商业模式的画布

案例阅读

疾病监测公司的商业模式分析

我们以疾病监测公司为例，分析其商业模式。企业是想解决仪器和数据传送缺乏可操作性以及标准化的问题，最终建立统一的病例管理解决方案，如图 8-3～图 8-6 所示。它可以从多款不同品牌的仪器上，将数据直接同步到不同型号的苹果或安卓手机上。然后患者可以在网页上互动，也可以及时在手机或网上浏览到图表和统计数据，还可以通过邮件、打印或传真等方式将报告转发给家庭医生。然后，充分利用移动和云端解决方案为机构提供大数据收集和分析，可以让机构进行患者群风险分层管理等。

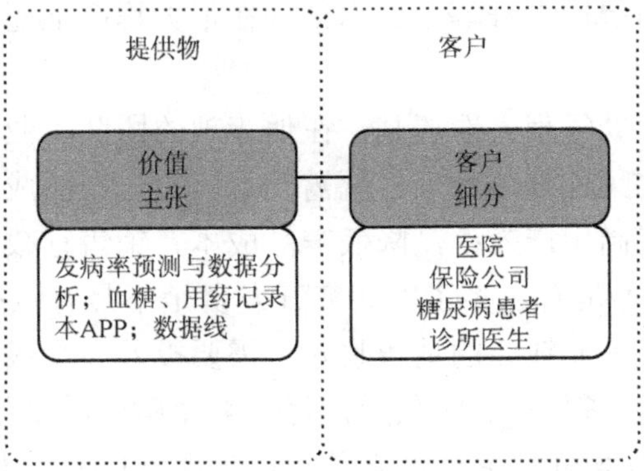

图 8-3 疾病监测公司商业模式（一）

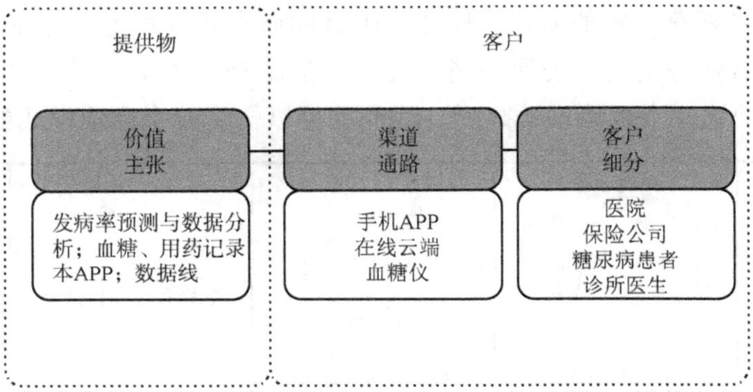

图 8-4 疾病监测公司商业模式（二）

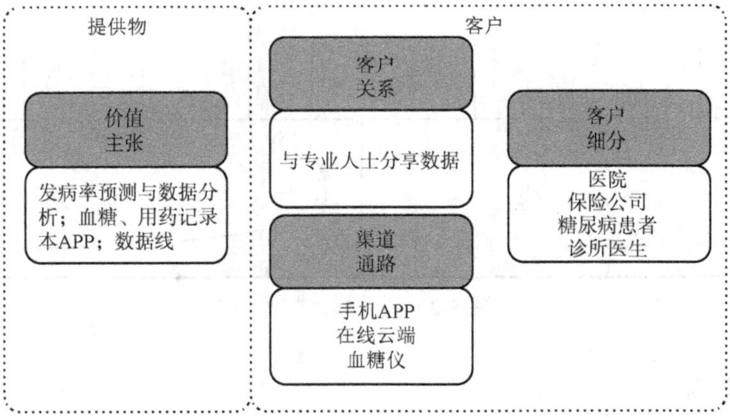

图 8-5 疾病监测公司商业模式（三）

第一步：企业针对哪些客户细分提供什么样的价值主张？

第二步：企业如何接触客户？（商业模式）

第三步：企业如何建立客户关系？（商业模式）

第四步：商业模式全局。

重要合作	关键业务	价值主张	客户关系	客户细分
Joslin 糖尿病中心	1. 数据库管理 2. 医院关系 3. 分析功能开发	1. 发病率预测以及数据分析 2. 血糖，用药记录 APP 3. 数据线	与专业人士分享数据	1. 糖尿病患者 2. 保险公司 3. 医院管理者 4. 诊所医生
	核心资源		渠道通路	
	1. 食品数据库 2. 企业级读表数据库		1. 手机 APP 2. 血糖仪 3. 在线云端	

成本结构	收入来源
1. 工资 2. 软件和分析功能开发 3. 数据库维护	1. 数据线收费 2. 会员费 3. APP

图 8-6　疾病监测公司商业模式（四）

学生活动五：小组设计自己项目的商业画布。

学生活动六：CEO 练习讲解商业模式，小组成员提出建议。

【学习目标五】知识解析：商业模式的两种描述方式

根据项目类型的不同，有以下两种描述商业模式的方法：市场驱动的商业模式描述方式和技术驱动的商业模式描述方式。

市场驱动的商业模式描述方式应遵循以下顺序：结合项目或公司的关键业务和核心资源，提出所提供的价值主张，阐述重要合作伙伴、产生的成本结构及社会成本，在此基础上，描述客户细分市场以及与客户的关系、销售的渠道通路等，估算所产生的收入和社会效益。企业需要调查市场和消费者的需求，最大限度地满足市场需求就是赢得胜利，如餐馆的口味，就需要符合大众的需求。详见图 8-7。

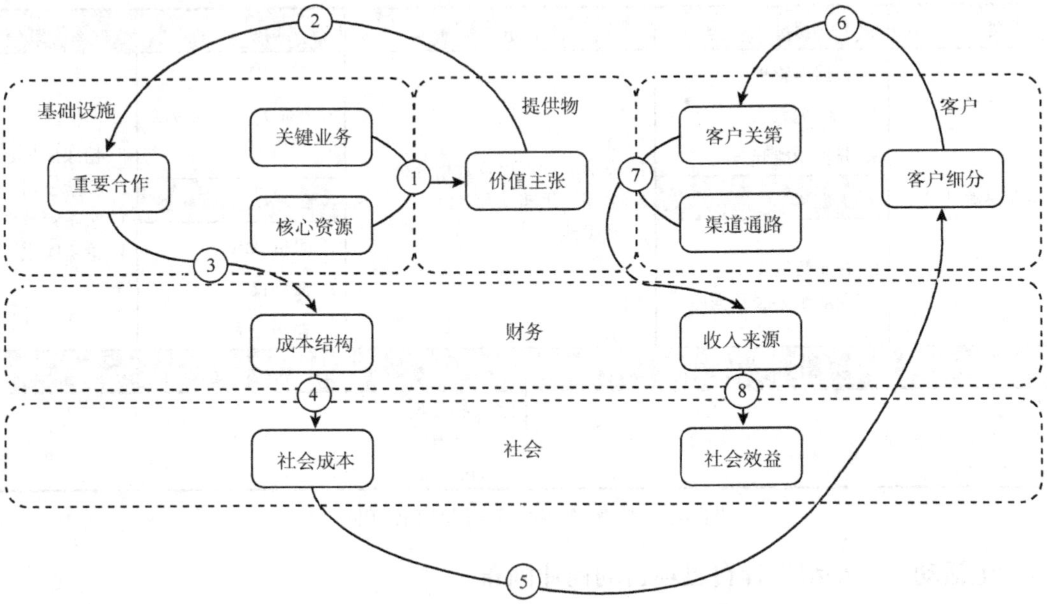

图 8-7 市场驱动的商业模式描述方式

技术驱动的商业模式描述方式应遵循以下顺序：针对项目或公司所能提供的关键技术或业务，即价值主张，寻找到客户细分市场，描述与客户维护关系的方法和销售的渠道通路，在此基础上，估算收入来源和社会效益。结合项目或公司的核心资源、关键业务和重要合作伙伴，预计可能产生的成本机构和社会成本。企业通过自己的创新能力和技术能力，吸引大量的用户，并利用自己的技术为客户提供服务价值。为了维护好这些用户，企业就需要在技术上去不断投入，保证自己的技术领先性。例如，数据库巨头甲骨文 Oracle 科技，就是利用自己在数据库的优势，吸引了大量的客户，获得了市场占有率。现在大型企业很多都采用了甲骨文的数据库。详见图 8-8。

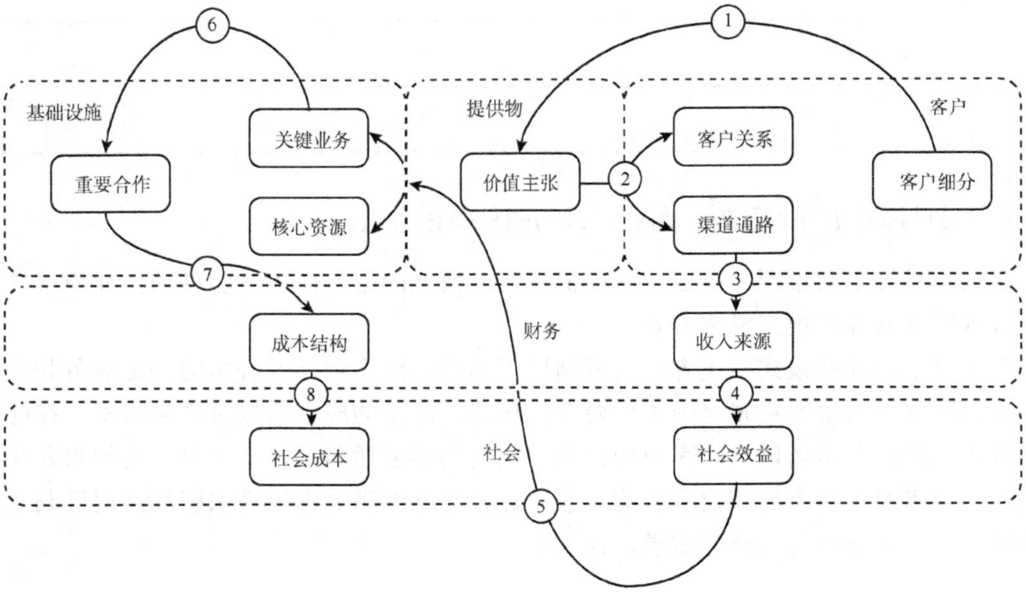

图 8-8 技术驱动的商业模式描述方式

拓展阅读一

如何创新商业模式

就创新而言，商业模式的创新比产品创新和服务创新更为重要，因为它涉及整个公司的价值创造系统。真正的变革绝不局限于伟大的技术发明及其商业化，而在于把新技术和恰到好处的强大商业模式相结合。商业模式创新可以改变整个行业格局，让市场重新洗牌。这种创新由来已久，无论是沃尔玛还是百思买，西南航空还是亚马逊，都是商业模式创新造就成功的典范。

商业模式创新可以改变整个行业格局，让市场重新洗牌。这种创新由来已久，无论是沃尔玛还是百思买，或是西南航空和亚马逊，都是商业模式创新造就成功的典范。从1998年到2007年，成功晋级《财富》500强的企业有27家，其中有11家认为他们的成功关键在于商业模式的创新。由此可见，商业模式创新的力量比技术创新的力量要大得多。

商业模式涉及公司的方方面面——包括战略、运营、人力资源、创新、财务等，因此创新商业模式是一个系统工程，其难度也要比单一功能的创新难得多。在设计或者创新商业模式时，应该以“客户价值主张”的创新为核心，以关键资源和关键流程为依托，以盈利模式为财务安全的基准线，寻求各个方面的协调发展，这样才能获得长期的成功。

首先是定义何谓“客户价值主张”，这个和企业的战略定位有关系：你的核心客户是谁？他们为什么要买你的产品？很多人在这个问题上容易犯想当然的错误，因此在明确“客户价值主张”时，首先要问正确的问题。用户购买 iPhone 仅仅是需要一个功能更强大、更轻薄的手机吗？当然不是！大多数购买 iPhone 的人购买的是那种阶层认同感。

如果要创新“客户价值主张”，蓝海战略的价值创新曲线会是一个很好的工具。通过分解客户价值主张的各个环节，去丰富那些对消费者有差异化和诱惑力的价值主张，而削减那些不是那么重要且耗费成本的价值主张，就完全有可能创造出一个新的市场，同时兼顾“成本领先”和“差异化”这两个原本在竞争战略理论中并不相容的竞争优势。

以经济型航空公司为例，它们主打性价比的概念，用比同类航空公司低得多的价格，为客户提供准时的交通服务。为了追求“差异化”，它们开辟了很多二、三线城市的航线；为了追求“成本领先”，它们去掉了非核心的餐饮服务。由于它满足了很多价格敏感客户的核心需求，同时又把成本控制在尽可能低的程度，因此开辟了一个全新的“蓝海市场”。

一家创业型公司，由于其关键资源有限，关键流程也不完整，因此在选择目标客户时一定要聚焦，价值主张一定要清晰，争取用有限的资源能够产生明确的“客户价值主张”。创业型公司专注于某一个细分市场是胜算最大的竞争策略，只有当其在某一个细分领域取得绝对的领先优势之后，它才能在相关领域进行拓展。

根据经验，一家创业型公司在设计商业模式时一定要牢牢记住以下十个字——专业、聚焦、差异化、强检验。专业的意思是一定要秉承专业化路线；聚焦的意思则是往小里做，做“小而美”的企业；差异化的意思是要做别人不能做的事情，确定你的独特定位；强检验则是指只有为客户创造可以衡量、立竿见影的价值，才有可能给公司带来利润。

拓展阅读二

互联网商业模式案例

1. 人人车——“九死一生”的 C2C 坚挺地活了下来

企业介绍：人人车是用 C2C（consumer to consumer，个人对个人）的方式来卖二手车，为个人车主和买家提供诚信、专业、便捷、有保障的优质二手车交易。

创新性：它首创了二手车 C2C 虚拟寄售模式，直接对接个人车主和买家，砍掉中间环节。该平台仅上线车龄为6年以下且在10万公里内的无事故个人二手车，卖家可以将爱车卖到公道价，买家可以买到经专业评估师检测的真实车况的放心车。

点评：C2C 虚拟寄售的模式被描述为“九死一生”，原因有三个：第一，二手车属非标品；第二，卖车人和买车人两端需求是对立的；第三，国内一直缺乏第三方中立的车辆评估，鱼龙混杂。因此二手车 C2C 交易困难重重，想法大胆又天真。人人车不被看好却能逃过“C 轮死”的魔咒，是因为其省去所有中间环节，将利润返还给消费者。创始人李健说：“如果我能成功，B2C 都要失业了。”

2. 滴滴巴士——定制公共交通

企业介绍：2015 年 7 月 15 日，继快车、顺风车之后，滴滴出行旗下巴士业务“滴滴巴士”也正式上线。截至 2015 年年底，滴滴巴士已经在北京和深圳拥有 700 多辆大巴、1 000 多个班次。

创新性：滴滴巴士是第一个尝试将巴士进行多场景应用的定制巴士。滴滴巴士提供出行的城市通勤定制服务。它根据大数据测算并推出城市出行新线路。滴滴巴士还将巴士进行多场景应用，如旅游线路定制、商务线路定制等，扩展了巴士出行的场景。

点评：城市通勤定制服务出现的时间并不长，却发展很快。它是关于定制化出行的一种初步尝试。事实上，做定制服务的门槛是极高的，而滴滴巴士母公司滴滴出行的互联网技术和用户基础为其创造了有利条件。

3. 大疆——消费级无人机市场的霸主

企业介绍：深圳市大疆创新科技有限公司（DJI-Innovations，DJI），成立于 2006 年，是全球领先的无人飞行器控制系统及无人机解决方案的研发和生产商，客户遍布全球 100 多个国家。它占据着全球 70%的无人机市场份额。

创新性：无人机以前主要是应用在军事方面，而大疆是第一个将无人机应用在商业领域并获得成功的企业。大疆无人机如今已被应用在军事、农业、新闻报道等方面，是可以“飞行的照相机”。

点评：这家公司将目标受众从业余爱好者变成主流用户，而且它在这一过程中还能占据市场的主导地位，这种成功的案例在科技行业发展史上实属罕见。

4. e袋洗——力图用一袋衣服撬动一个生态

企业介绍：e袋洗是有20余年洗衣历程的荣昌转型而来的O2O（online to offline：线上到线下）品牌，采取众包业务模式，以社区为单位进行线下物流团队建设，即在每个社区招聘本社区中40～60个人员作为物流取送人员。

创新性：e袋洗是第一个以洗衣为切入点进入整个家政领域的平台。e袋洗的顾客主要是80后，洗衣按袋计费：99元按袋洗，装多少洗多少。e袋洗致力于将幸福感作为商业模式的核心和主导，推出了新品小e管家，通过邻里互助去解决用户需求，满足居民幸福需求。小e管家在小e管洗、小e管饭的基础上，计划推出小e管接送小孩、小e管养老等服务，以单品带动平台，从垂直生活服务平台转向社区生活共享服务平台，以保证C2C两端供给充足。

点评：e袋洗在搭建成熟的共享经济平台后，不断延伸出更多的家庭服务生态链，打造一种邻里互动服务的共享经济生态圈。集合社会上已有的线下资源，通过移动互联网实现标准化、品质化转变，帮助人们在生活中获得更便利、个性的服务。

5. 利用小费推动优质服务的创新

企业介绍：很久以前，北京三元里一家网红店推出打赏制度，被各大新闻媒体关注。

创新性：第一家将餐厅给小费的形式，利用互联网思维进行调整。打赏制度：打赏金额为3元，打赏人是到店里用餐的顾客，被打赏人是前厅员工，包括服务员、传菜工、保洁人员、炭火工。打赏规则：①前厅员工可以向顾客介绍打赏活动，但只能提一次；②前厅员工不能向顾客主动索取打赏。展现形式：店内、餐桌展示牌及员工胸牌上印有活动内容——“请打赏：如果对我的服务满意”，吸引顾客眼光。

点评：可别小看打赏这个小制度，已经有很多的餐饮连锁巨头开始使用这个制度了。3元钱顾客买不了吃亏，买不了上当，却能买一个好的服务，也给服务员增加了一个收入途径。你别嫌少，积少成多可以大大提升服务员的积极性。

学习目标检测

1. 以提问的方式让学生解释商业模式的概念。
2. 以展示板展示的方式让学生列举商业模式包含的要素。

主题九　创业计划书的制订及课赛路演准备

学习目标

通过本主题的学习，学生将能够：

1. 解释创业计划书的作用；
2. 描述创业计划书写作的重要内容；
3. 说出创业计划书写作注意事项；
4. 编写创业计划书；
5. 根据“互联网+”大赛文件解读及要点，准备课赛路演。

案例导入

考研复习发现商机 大学生开发APP获300万元投资

两名在校大学生在考研复习过程中发现商机，开发出“边学边问”APP，掘金“大学学霸圈”。在2015年3月15日中国创业服务峰会暨中国创业咖啡联盟年会上，该款应用获得了来自武汉博奥投资有限公司的300万元投资。

考研复习中发现创业商机

李凯是武汉纺织大学大四学生，与他同龄的古望军就读于湖北工业大学。两人是高中同学，双双由外地考到武汉读书，决定一起考研。

在考研复习数学时，古望军每当遇到难题不会解答，就会上网搜索，但常常找不到答案。各大考研资料社区大多是文本材料下载，没有题库搜索能力；尝试在论坛发问，得到的答案却并不权威……

古望军和李凯碰面交流时“吐槽”：为什么中小学都有这样的问答类APP，唯独在大学这一块是空白？两人灵光一闪：能不能做一个大学生的学习问答社区，方便大家在考研、英语四六级考试，乃至各种考证的过程中实现互助学习？

“边学边问”应运而生。他们开发的这款APP是针对大学生群体打造的问答平台，使用者可以将问题发到APP上，由系统、网上高手或老师给出解答过程和思路。同时，还可以为用户提供高质量的考试考证经验、课程视频、学习笔记等干货内容，以及周边院校的讲座、选课指南及名师在线课程等。同时，APP附加社交功能，设有“学霸圈”“留学圈”“四六级圈”等多个圈子，供大学生选择。

5分钟路演吸引投资人

2015年1月考研结束后，李凯、古望军正式开始创业。

李凯回忆，创业初期，他们没有贸然开始从事APP开发，而是进行充分的市场调研。他们将市面上可以找到的所有问答类APP都下载在手机上试用，最后选择了5个进行详细"解剖"，逐一分析各自的优劣。一个月后，他们决定采用文字录入模式的同时，加入一键拍照的方法，采取图像识别技术，从图片中提取文字，再匹配题库。

1月中旬，项目团队正式入驻光谷创业咖啡，准备参加2015年首场青桐汇路演，路演时间5分钟。

为了准备路演，他们特地撰写了创业计划书并制作PPT（Microsoft Office PowerPoint，微软公司的演示文稿软件），并在光谷创业咖啡工作人员指点下，对PPT进行了三次大改。

1月24日，古望军穿着租来的西装登上路演舞台，由于创业"角度刁"、项目特点突出，当场就有投资人表达了投资意向。

学生活动一：阐述创业计划书的作用。

____

____

____

____

【学习目标一】 知识解析：创业计划书的作用

创业者制订的创业计划具有以下3个方面的作用。

一、为创业者厘清思路

编写创业计划书的过程也是创业者的一个创业模拟体验过程，因此，创业计划书为创业实践提供战略设计和现实指导。创业计划是创业者事业的蓝图，有了明确的创业计划，创业者才不至于在创业过程中迷失方向，在受到干扰或遭遇挫折时，才不至于打乱创业活动的节奏和进程。制订创业计划书，需要创业者明确创业活动的方向和目标，以认真务实的态度分析市场状况及自己所拥有的资源，辨别创业机会与创业风险，从而厘清思路，判断自己的创业计划是否切实可行。

二、为创业者寻求风险投资及其他外部资源支持

创业计划书除了使创业者有更清晰的思路，更重要的是要向他人进行展示，尤其是那些能给创业者提供资金帮助的人。因此，编写创业计划书的另一个重要作用就是帮助创业者把自己的创业理念、想法推销给风险投资者，说服其对创业活动进行投资。

对创意项目或初创企业来说，创业计划书的作用尤为重要。当选定了创业目标与确定创业动机后，这时创业者就必须提供一份完整的创业计划，它将是整个创业过程的灵魂。

从企业或项目的产品服务、市场、营销、管理团队、股权结构、财务到融资方案，只有内容翔实、数据丰富、体系完整、装订精致的创业计划书才能吸引投资者的注意，投资者看到商业前景，才能使外部资源支持成为现实。

三、为创业者整合资源

创业者在编写创业计划书之前，总会对创业过程进行全盘思考，完成市场调研、自我评估、市场定位、产品或服务的研发，制定营销策略、财务规划等。创业计划书是对这些各种凌乱、分散的信息进行充分的研究，理出它们之间的关系，并对它们进行整合重组，来实现完整的商业运作计划。在此过程中，创业者也对社会资源进行分析和运用，并充分利用行业人脉和优惠政策等来获得创业资金和平台。

四、为创业团队明确方向

创业计划书是创业者展示产品和服务的载体，也是展现创业者思想和才华的工具。一方面，通过优秀的计划书，投资者能看到创业者的潜力和决心；另一方面，通过优秀的计划书，有识之士能看到希望和未来，从而吸引志同道合的精英到团队中来，打造属于这一群人的梦想舞台，实现人生的梦想。

学生活动二：

（1）小组讨论出创业计划书包含哪些主要内容。

（2）阅读该部分内容并记录。

____

____

____

____

【学习目标二】 知识解析：创业计划书的内容

一份完整的创业计划书的内容包括封面、摘要、公司或者项目介绍、产品与服务介绍、市场分析与预测、创业团队、市场营销计划、风险分析与控制、融资与筹划、财务计划、项目股权结构。

（1）封面。封面是读者对创业计划书的第一印象，因此，封面设计要美观、简明大方，有艺术感，并且与创业计划的内容相呼应。

（2）摘要。摘要是整个创业计划书的内容概括与精华提炼，要让读者从摘要中清楚地了解创业项目的全貌，但字数不能太多。摘要的重点要围绕创业项目的社会环境背景情况、市场需求大小、产品服务内容、市场空间容量、创业团队情况、创业项目的优势与特色、创业项目的商业模式、创业项目的投资回报以及创业项目的风险控制等简要描述。

（3）公司或者项目介绍。这部分描述是要让别人了解创业公司或者项目的基本情况，包括创业公司成立时间、注册资金规模、公司或项目人员数量及学历情况、定位、宗旨、理念、主营业务等。

（4）产品与服务介绍。产品与服务是创业计划书描述的重要内容。用简介的方式描述项目或公司的产品或服务，主要介绍技术、产品或服务的功能、应用领域、市场前景等，说明产品或服务所提供的价值及其提供的方式，填补了哪些急需补充的市场空白等。

（5）市场分析与预测。创业项目要实现与市场结合，需要分析创业项目的客户人群是谁、在哪里，服务或产品是否具有市场需求，市场空间有多大，会给购买服务的对象带来哪些好处。创业计划书中要对公司办公地点进行充分的调研和分析，如果项目属于科技类的公司，地段应该选择科技氛围比较浓的、能享受科技扶持政策的地段，如大学生科技园或科技孵化园；如果属于文化和设计类的公司，选择产业集聚的地段或商业写字楼，如文化产业基地。计划书中还要考虑分销渠道，项目或公司要经营下去，不仅要生产出产品或服务，更要卖出去，形成销售收入，因此，要设计好利用哪些人脉关系，建立分销渠道，并创新销售模式。产品或服务价格定位也很重要，创业者要提前对市场上类似产品的价格做横向比较，制定相对应的价格策略。

（6）创业团队。创业团队是创业项目的核心力量，对于能否有效运营创业项目至关重要。所以，在创业计划书中，描述清楚为什么这个团队能够成功运营这个项目或者公司，非常重要。这部分描述主要包括：每个团队成员的姓名、性别、年龄、专业、学历和技能；明确项目负责人、每个成员及各自负责的工作，使组织协调能力、项目策划能力、信息查询能力、市场营销能力强的成员各尽其才。对于大学生创业团队而言，参加过社会实践和社团活动的大学生，组织能力和活动能力更强，因此在介绍创业团队时，应该详细描述团队合作与组织协调情况，只有创业团队成员具备很好的合作精神和善于配合的工作态度，才能更加全面反映创业团队的整体实力。

（7）市场营销计划。创业项目产生或公司成立后就会面对向客户提供产品和服务的问题，这就涉及产品与服务的市场营销策略。营销策略包括如下内容：市场机构和营销渠道的选择、促销计划和广告策略、营销队伍、管理和价格决策等。在市场营销中，有传统的策略，如上门推销、打商品广告、向批发商和零售商让利，也有一些现代营销理论和方法，如利用互联网这一工具而产生的微博、微信、抖音等引流方法。营销是企业经营中有挑战性的环节，影响营销策略的主要因素有消费者的特点、产品的特性、企业自身的情况、市场环境。而最终影响营销策略的则是营销成本和营销效益因素。

（8）风险分析与控制。创业者有必要进行风险分析，以便制定有效的策略来应对这些威胁。新项目或企业的主要风险可能来自于竞争者的反击，来自于自身在市场营销、生产或管理等方面的弱势，来自于技术的进步所带来的新旧产品的更替等，创业者有必要在创业计划中提供备选战略以控制上述风险的发生。

（9）融资与筹划。创业者在创业前，要仔细核算到底需要多少创业资金，最后要想清楚有哪些途径和渠道能筹到资金。对于大学生来说，创业项目所需的资金在几万元到几百万元不等，创业资金需要多少，主要取决于创业项目在运营过程中可能会发生哪些资金支出，其主要包括房租水电、财税费用、办公用品、办公设备、宣传印刷、人员薪酬、网络通信、生产设备、销售费用以及不可预见的支出与核算。创业者可以从创业团队自筹、信用贷款、创业大赛奖金、天使投资、风险投资等途径去尝试筹措创业资金。

（10）财务计划。财务计划也是创业计划的重要组成部分，它表明了新项目或企业所需要的潜在投资承诺，还表明了创业计划的可行程度。

（11）项目股权结构。创业者在创业组建创业团队时，应该考虑股东人数和股权比例。在股权方面，要避免股东一枝独大，这样会影响决策的合理性。另外，股东人数不宜太多，否则会导致重大决策很难确定下来。

学生活动三：独立阅读创业计划书范文并总结撰写创业计划书的注意事项

【学习目标三】 知识解析：写作创业计划书的注意事项

创业者在撰写创业计划时应注意以下 5 个事项。

一、针对读者，突出主题

创业计划书的读者可能是风险投资者、银行、供应商、消费者、雇员以及顾问。创业者在编制创业计划书时一定要考虑目标读者，因为每位目标读者感兴趣的内容不同，如风险投资者对创业计划中的市场增长及盈利感兴趣；创业伙伴主要关注产品或服务、市场、盈利以及管理团队的运作能力；主要雇员、管理团队则主要关注新企业今后的发展前景。因此，为了引起目标读者的阅读兴趣，创业计划书的编写要确定主题，围绕创业产品或服务展开阐述，避免与主题无关的内容。

二、结构完整，内容规范

创业计划书要有一套完整的格式，各部分的内容应具有连贯性并严格按顺序编排。第一，创业计划要有目录，以便读者查阅各个章节；第二，创业计划书也要有摘要，且应位于创业计划书正文的最前面；第三，在具体内容上，产品或服务的描述、行业分析、营销策略、创业团队等应使用管理学专业术语，尽量做到规范化、科学化；第四，财务分析最好采用图表描述，形象直观。此外，还应注意创业计划书的排版和校对，文字和排版错误很可能使创业者丧失获得投资或创业伙伴的机会。

三、周密计划，协调统一

由于创业计划书涉及的内容很多，创业者应事先做好计划工作，使写作过程有条不紊地进行。通常，创业者可成立一个写作小组，确定创业计划的种类与总体框架，并确定创业计划编写的日程安排与人员分工。小组成员分工写作，各负其责，最后由组长统一协调定稿，以免创业计划书的内容零散、不连贯，各部分内容文风相异等。

四、合理预测、数字准确

创业者在编写创业计划书时，一定要对相关数字以合理的方式进行预测。例如，市场占有率、财务预测分析、投资报酬率等都尽可能做到数字准确，不应做大而化之的粗略估计，不要过分强调或夸大收益状况与可能的成就。同时，创业计划书中对目标市场消费特性的描述也要有确凿的依据，为此，创业者需要做好市场调查研究，并引证官方或学术研究机构的客观统计资料。如果已有具体产品原型，创业者应考虑先进行消费者使用测试并取得专家的检验意见，这样有助于提高创业计划书的质量与可信度。另外，还要注意资料的时效性，及时更新有关资料数据。

五、实事求是，适度包装

创业计划书的作用固然重要，但它只是一个敲门砖。过度包装是无益的，企业应该在盈利模式的打造、现场管理、企业市场开拓、技术研发等方面下硬功夫，否则即使有了机会也把握不住。

学生活动四：

案例视频：红糖馒头

案例视频：创新创业大赛项目路演

（1）观看云南大学滇池学院“红糖馒头”“互联网+”大学生创新创业大赛项目路演视频，并记录路演展示要点。

____

____

____

____

（2）观看路演视频中开头 1 分钟的微视频，记录制作要点。

____

____

____

____

【学习目标四】知识解析：创业计划书的展示技巧（路演技巧）

创业计划编制完成并发放后，如果创业者的创业计划引起了一位投资者或银行家的兴趣，需要与其他竞争者竞争商业机会，或者需要参加大赛以期获得风险投资等，创业者通常就需要对自己的创业计划进行口头介绍和展示。要想获得投资者或银行家的最终肯定，创业者如何展示自己的创业计划是关键。

一、准备并发表精彩的创业计划演讲

首先，创业者应通过网络搜索和仔细调研，了解听众的背景信息，尽可能多地收集听众的信息；其次，全国"互联网+"大学生创新创业大赛展示时间一般为15分钟，提前做好规划，严格控制时间，反复练习演讲；再次，创业者的着装也要得体，团队成员的着装最好统一；最后，创业者要使演讲生动有趣、充满激情，保持幽默，通过手势和激昂的语调显示热情等。

二、充分利用展示媒介

一场成功的展示仅有激情澎湃的演讲是不够的，通常还要结合多种展示手段，多渠道、多方位地展示创业计划。通常，创业者在创业计划的展示过程中，能用到的展示手段有视频、实物（产品或服务模型）、幻灯片等。在全国"互联网+"大学生创新创业大赛上，要求有视频展示，时间在40秒到1分钟，视频可以大幅度地增强视觉信息的传递效果，提高信息的传递效率。创业计划展示的开场视频一般都可以很好地打开场面，渲染出展示的气氛，吸引投资者的目光。实物一般指实际产品或服务模型，具有极强的说服力和吸引力。实物展示主要有两类：一是产品功能效果的展示；二是技术原理的说明。实物展示可以增加真实性，提高创业计划的可信度。幻灯片是创业计划展示必不可少的部分，也是最关键的部分。创业者需要注意的是：首先，幻灯片的风格要符合整个展示的主基调，要与创业计划保持统一；幻灯片的背景不要选用太多色彩，一般1~2种比较合适，背景图案要尽量简单大方；幻灯片的展示模板要统一，给人规范、专业的感觉。其次，幻灯片的内容安排要合理，每一张幻灯片展示内容的安排和布局要得当，幻灯片首页设计要美观，在一致性的基础上，增添团队和创业计划个性设计；幻灯片展示要确定一个整体展示思路，按一般的展示顺序进行，通常有概述、问题引出、企业简介、产品或服务介绍、市场分析、团队介绍、生产与销售、财务分析、风险控制和最后的总结等。

三、充分参考大赛路演评分细则

创业者从不打没有准备的仗。展示创业计划书，要提前做好PPT，而PPT的制作和讲解均应该充分参考《全国"互联网+"大学生创新创业大赛路演评分细则》，该细则就是专家、评委或者投资人打分或者投资项目的参考标准。根据创业项目的发展阶段，评分标准细则也不同。详见表9-1～表9-2。

表 9-1　全国"互联网+"大学生创新创业大赛（创意组）评分细则

项目	创新性	团队情况	商业性	带动就业前景
分值	40 分	30 分	25 分	5 分

注：（1）本门课程课赛路演评分细则同上，一般来说，大学生创新创业项目还只停留在创意和初创阶段
（2）具体的评审内容和要点，详见附录 3
（3）表 9-2 和表 9-3 同此

表 9-2　全国"互联网+"大学生创新创业大赛（初创组、成长组）评分细则

项目	商业性	团队情况	创新性	带动就业前景
分值	40 分	30 分	20 分	10 分

表 9-3　全国"互联网+"大学生创新创业大赛（就业组）评分细则

项目	项目团队	商业性	创新性	带动就业前景
分值	20 分	20 分	20 分	40 分

学生活动五：根据自己小组的项目，分工撰写创业计划书（可附页）。

____

____

____

____

拓展阅读

撰写创业计划书

一份好的创业计划书包括附录在内一般 20～40 页，过于冗长的创业计划书反而会让人失去耐心。整个创业计划书的编制是一个循序渐进的过程，可以分成五个阶段完成。

第一阶段：创业计划构想细化，初步提出计划的构想。

第二阶段：市场调查。与行业内的企业和专业人士进行接触，了解整个行业的市场状况，如产品价格、销售渠道、客户分布以及市场发展变化的趋势等因素。可以进行一些问卷调查，在必要时也可以求助于市场调查公司。

第三阶段：竞争者调查。确定你的潜在竞争对手，并分析本行业的竞争方向、分销问题如何、形成战略伙伴的可能性、谁是你的潜在盟友。准备一份一到两页的竞争者调查小结。

第四阶段：财务分析，包括对公司的价值评估。必须保证所有的可能性都考虑到了。财务分析应量化本公司的收入目标和公司战略，详细而精确地考虑实现哪个以及所需的资金。

第五阶段：创业计划书的撰写与修改。利用所收集到的信息，制定公司未来的发展战略，把相关的信息按照上面的结构进行调整，完成整个创业计划书的写作。在计划完成以后，仍然可以进一步论证计划的可行性，并跟踪信息的积累和市场变化，不断完善整个计划。

课后作业：1. 每组制作 1 分钟的视频

2. 根据小组创业计划书，制作课赛路演 PPT

学习目标检测

1. 以提问的方式让学生解释创业计划书的作用。
2. 在展示板上让学生列举出创业计划书写作的重要内容。
3. 以提问的方式让学生说出创业计划书写作的注意事项。

参考文献

爱德华·德博诺. 2016. 六顶思考帽——如何简单而高效地思考[M]. 马睿译. 北京：中信出版社.

艾·里斯，杰克·特劳特. 2017. 定位[M]. 邓德隆，火华强译. 北京：机械工业出版社.

陈智刚，罗建华，茹华所，等. 2018. 创新创业基础[M]. 北京：高等教育出版社.

程武，赵荣生，邹少军. 2015. 大学生创业指导教程[M]. 北京：中国传媒大学出版社.

菲利普·科特勒，加里·阿姆斯特朗. 2017. 市场营销原理与实践. 16版. [M]. 楼尊译. 北京：中国人民大学出版社.

共青团中央，中华全国青年联合会，国际劳工组织. 2015. 大学生KAB创业基础[M]. 北京：高等教育出版社.

李泽虹，李晓颖. 2016. 梦想起航——大学生创业指导[M]. 青岛：中国石油大学出版社.

陆根书. 2016. 大学生创新创业基础[M]. 北京：北京理工大学出版社.

陆克斌，崔久斌. 2013. 市场调查与预测[M]. 北京：教育科学出版社.

沙建军. 2017. 我知道他想看什么：用内容营销打造品牌影响力[M]. 北京：中信出版社.

王峰，刘丽军，申技红. 2017. 大学生创新创业实用教程[M]. 北京：北京工业大学出版社.

王光炎. 2017. 创新创业教育[M]. 长春：吉林大学出版社.

亚历山大·奥斯特瓦德，伊夫·皮尼厄. 2016. 商业模式新生代[M]. 黄涛，郁婧译. 北京：机械工业出版社.

珍妮·哈雷尼，赫尔曼·谢勒. 2017. 拒绝平庸：100个最佳市场营销案例[M]. 郭秋红译. 北京：中国友谊出版社.

附录 1　创新能力测试题目及解析

下面是 10 道题目，如果符合你的情况，则回答“是”，不符合则回答“否”，拿不准则回答“不确定”。

1. 你认为那些使用古怪和生僻词语的作家，纯粹是为了炫耀。
2. 无论什么问题，要让你产生兴趣，总比让别人产生兴趣要困难得多。
3. 对那些经常做没把握事情的人，你不看好他们。
4. 你常常凭直觉来判断问题的正确与错误。
5. 你善于分析问题，但不擅长对分析结果进行综合、提炼。
6. 你审美能力较强。
7. 你的兴趣在于不断提出新的建议，而不在于说服别人去接受这些建议。
8. 你喜欢那些一门心思埋头苦干的人。
9. 你不喜欢提那些显得无知的问题。
10. 你做事总是有的放矢，不盲目行事。

题号后回答为“是”“不确定”与“否”，3 种回答分别评分如下：

1. −1，0，2　2. 0，1，4　3. 0，1，2　4. −4，0，−2　5. −1，0，2
6. −3，0，−1　7. −2，1，0　8. 0，1，2　9. 0，1，3　10. 0，1，2

得分 22 分以上，则说明被测试者有较高的创造思维能力，适合从事环境较为自由，没有太多约束，对创新性有较高要求的职位，如美编、装潢设计、工程设计、软件编程人等。

得分 11—21 分，则说明被测试者善于在创造性与习惯做法之间找出均衡，具有一定的创新意识，适合从事管理工作，也适合从事其他许多与人打交道的工作，如市场营销。

得分 10 分以下，则说明被测试者缺乏创新思维能力，属于循规蹈矩的人，做人总是有板有眼，一丝不苟，适合从事对纪律性要求较高的职位，如会计、质量监督员等职位。

附录2　性格特质测试解析

把第 5、10、14、18、24、30 题的分加起来就是你的“老虎”分数；
把第 3、6、13、20、22、29 题的分加起来就是你的“海豚”分数；
把第 2、8、15、17、25、28 题的分加起来就是你的“企鹅”分数；
把第 1、7、11、16、21、26 题的分加起来就是你的“蜜蜂”分数；
把第 4、9、12、19、23、27 题的分加起来就是你的“八爪鱼”分数。

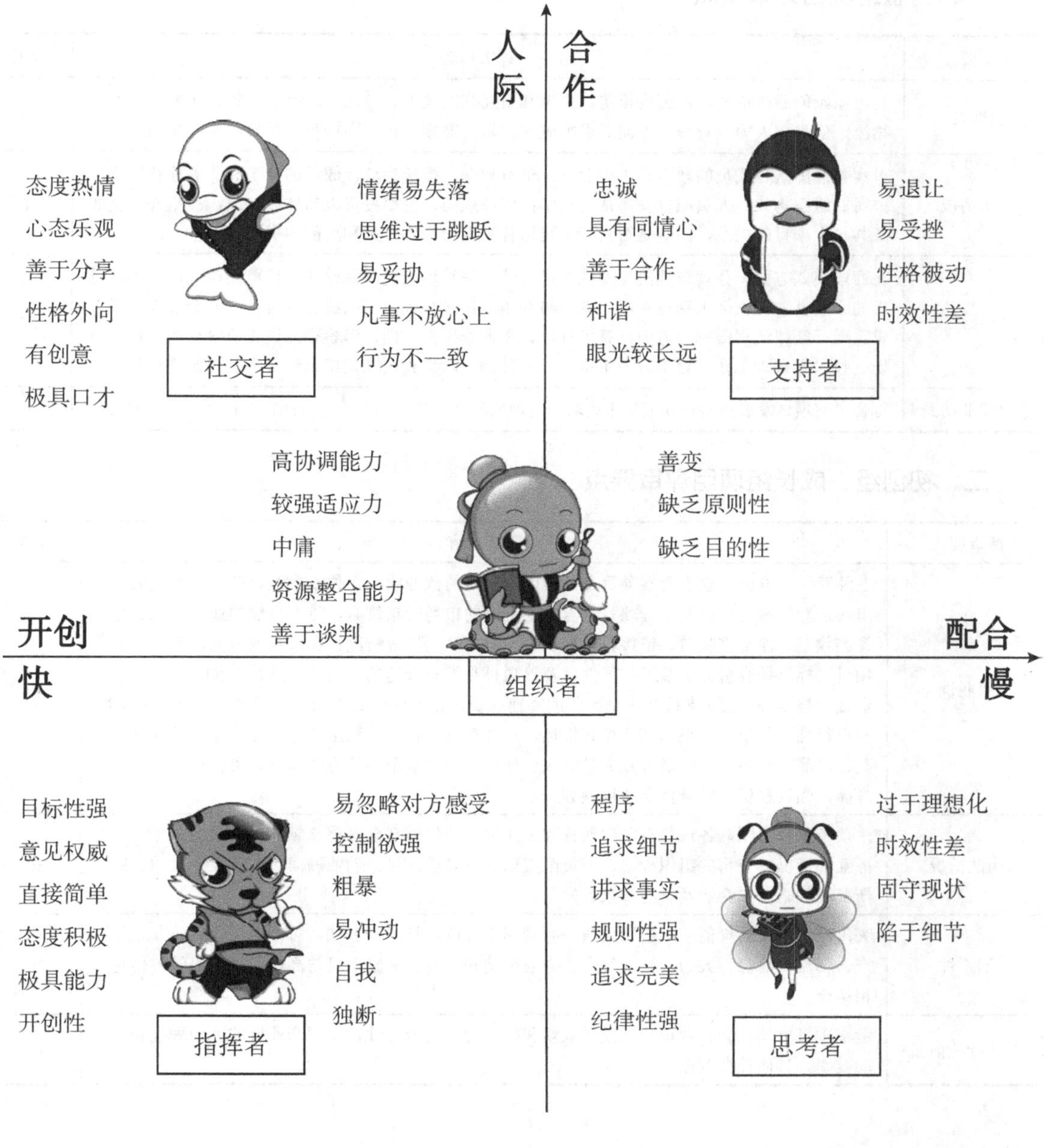

附录3　中国“互联网+”大学生创新创业大赛创业计划书路演评审规则

一、创意组项目评审要点

评审要点	评审内容	分值
创新性	突出原始创意的价值，不鼓励模仿。强调利用互联网技术、方法和思维在销售、研发、生产、物流、信息、人力、管理等方面寻求突破和创新。鼓励项目与高校科技成果转移转化相结合	40
团队情况	考察管理团队各成员的教育和工作背景、价值观念、擅长领域，成员的分工和业务互补情况；公司的组织构架、人员配置安排是否科学；创业顾问，主要投资人和持股情况；战略合作企业及其与本项目的关系，团队是否具有实现这种突破的具体方案和可能的资源基础	30
商业性	在商业模式方面，强调设计的完整性与可行性，完整地描述商业模式，评测其盈利能力推导过程的合理性。在机会识别与利用、竞争与合作、技术基础、产品或服务设计、资金及人员需求、现行法律法规限制等方面具有可行性。在调查研究方面，考察行业调查研究程度，项目市场、技术等调查工作是否形成一手资料，不鼓励文献调查，强调田野调查和实际操作检验	25
带动就业前景	综合考察项目发展战略和规模扩张策略的合理性和可行性，预判项目可能带动社会就业的能力	5

二、初创组、成长组项目评审要点

评审要点	评审内容	分值
商业性	在经营绩效方面，重点考察项目存续时间、项目的营业收入、税收上缴、持续盈利能力、市场份额等情况；以及结合项目特点制定合适的市场营销策略，带来良性的业务利润、总资产收益、净资产收益、销售收入增长、投资与产出比等情况。在成长性方面，重点考察项目目标市场容量大小及可扩展性以及该项目是否有合适的计划和可能性（包括人力资源、资金、技术等方面）支持其未来5年的高速成长。在商业模式方面，强调项目设计的完整性与可行性，并给出完整的商业模式描述，以及在机会识别与利用、竞争与合作、技术基础、产品或服务设计、资金及人员需求、现行法律法规限制等方面需具有可行性。在融资方面，强调融资需求及资金使用规划	40
团队情况	主要考察管理团队各成员有关的教育和工作背景、价值观念、擅长领域，成员的分工和业务互补情况；公司的组织构架、人员配置以及领导层成员；创业顾问，主要投资人的持股情况；战略合作企业及其与本项目的关系	30
创新性	突出原始创意的价值，不鼓励模仿。强调利用互联网技术、方法、思维在销售、研发、生产、物流、信息、人力、管理等方面寻求突破和创新。鼓励项目与高校科技成果转移转化相结合	20
带动就业前景	考察项目增加社会就业份额，发展战略和扩张的策略合理性，上下产业链的密切程度和带动效率、其他社会效益	10

三、就业型创业项目评审要点

评审要点	得分形式	评审内容	分值
项目团队	加总得分	1. 团队成员互补与协调性 2. 组织结构设置合理性 3. 股权结构设置合理性 4. 生存性和盈利能力	20
商业性	加总得分	1. 可行性和完整性 2. 可复制性	20
创新性	单项得分(满足任一单项得满分)	1. 岗位创新 2. 技能创新 3. 技术创新 4. 产业协同创新 5. 模式创新	20
带动就业前景	加总得分	1. 与当地经济发展紧密结合，促进区域社会经济转型升级 2. 带动就业人数	40

附录4　教师教学方法参考

题目：主题一之开课准备

授课时间：　　　　年　　　　月　　　　日

所需资源：本课题教案、黑板、粉笔、笔记本、笔、PPT

学习目标：

通过本主题的学习，学生将能够：

1. 完成分组并在小组内破冰；
2. 描述这门课程的主要内容、要求及考核方式

时间	教师活动	学生活动	所需资源
导入			
2分钟	教师自我介绍	记录关键信息	黑板、粉笔
主体			
3分钟	向学生介绍课程背景	记笔记	PPT、笔记本、笔
15分钟	创建蓝墨云班课及QQ群	加入班课及QQ群	班课邀请码及QQ群号码
2分钟	在蓝墨云班课上点名	在班课上签到	班课
8分钟	组织学生自由分组：①每组6～8人；②男女搭配均匀	自由组合分组	PPT
10分钟	布置任务：①小组内破冰，主题可视班级情况而定，如每组深入交流，总结出小组所有成员间的6个共同点等；②选出小组长，记录观点或要点	深入交流、选出小组长	
25分钟	组织每组或者随机挑选组别汇报分享刚讨论的主题； 总结破冰环节	小组汇报并记录，选出最喜欢的组别	
15分钟	PPT展示本门课程的主要内容、考核方式及上课要求	记笔记	PPT、笔记本、笔

总结

题目：主题一之创新内涵认知

授课时间：　　　　年　　月　　日

所需资源：教材、本课题教案、黑板、粉笔、笔记本、笔、视频、PPT

学习目标：

通过本主题的学习，学生将能够：

1. 描述创新创业时代背景；
2. 解释“互联网+”大赛的要点；
3. 解释创新的内涵；
4. 列举创新所需要的条件

时间	教师活动	学生活动	所需资源
	导入		
10 分钟	通过提问引导学生说出创新创业的时代背景	回答问题、记笔记	
	主体		
15 分钟	组织学生阅读“互联网+”大赛内容	独立阅读并记录要点	教材
15 分钟	组织学生观看视频，通过头脑风暴的方法引导学生说出创新的内涵并进行总结	观看视频、回答问题并记笔记	视频、黑板、粉笔
20 分钟	布置任务：小组讨论创新所需要的条件有哪些	小组讨论、分享观点	笔记本、笔、PPT
15 分钟	布置任务：用自己的方式在笔记本上复习前两次课学习到的内容	复习	笔记本、笔、教材
	总结		
5 分钟	用提问的方式检测以下学习目标的达成情况： （1）解释创新的内涵 （2）列举创新所需要的条件	回答问题	

题目：主题二之创新思维的训练 1

授课时间：　　　年　　　月　　　日

所需资源：教材、本课题教案、黑板、粉笔、笔记本、笔、视频、PPT

学习目标：

通过本主题的学习，学生将能够：

1. 解释创新思维的概念；
2. 解释衡量创新思维的基本维度；
3. 列举出创新思维训练的方法；
4. 总结头脑风暴方法使用的原则；
5. 使用头脑风暴法思考问题

时间	教师活动	学生活动	所需资源
	导入		
5 分钟	通过故事（大英图书馆）引导学生思考：什么是创新思维	回答问题：什么是创新思维；记笔记	PPT
	主体		
1 分钟	向学生展示学习目标	记笔记	PPT、笔记本、笔
5 分钟	PPT 展示儿童牙刷图片，引导学生思考：这款牙刷的创新点是什么？	回答问题	PPT、笔记本、笔
3 分钟	总结创新思维的概念	记笔记	PPT、笔记本、笔
4 分钟	播放创意衣架视频，布置任务：思考衡量创新思维的指标有哪些	记笔记	创意衣架视频、笔记本、笔
5 分钟	头脑风暴收集学生的答案在黑板上	回答问题	黑板、粉笔
3 分钟	总结衡量创新思维的 5 个指标	记笔记	PPT、笔记本、笔
5 分钟	组织小组讨论：训练创新思维的方法有哪些？	小组讨论、记录要点	
10 分钟	布置任务：独立阅读教材上创新思维训练方法部分	阅读、记录、勾画重点	教材、笔
5 分钟	给学生创新思维训练：形状与图形	在笔记本上创意图形	PPT、笔记本、笔
6 分钟	引导学生自愿分享自己的创意	点评	PPT、笔记本、笔
5 分钟	通过提问的方式引导学生总结头脑风暴法使用的原则	回答问题并记笔记	黑板、粉笔、教材
15 分钟	布置小组头脑风暴会议：列举出我们正在使用的这间教室的所有缺点，并提出相对应的优化措施； 教师认真巡视学生的讨论情况	小组讨论、记录	笔记本、笔
4 分钟	（1）总结巡视观察到的讨论情况，给学生布置作业：利用一个星期时间，小组制作出优化后的教室模型（利用废品等资料）； （2）提醒小组学生建立网上讨论小组，并把建立好的微信群或 QQ 群截图发到本班级 QQ 群里，确保学生完成作业	（1）记录作业； （2）建立小组临时讨论群	
	总结		
4 分钟	提问学生： （1）解释创新思维的概念； （2）说出衡量创新思维的指标	回答问题	

题目：主题二之创新思的维训练 2

授课时间：　　　年　　月　　日

所需资源：教材本课题教案、黑板、粉笔、笔记本、笔、大白纸、马克笔、双面胶、PPT

学习目标：
通过本主题的学习，学生将能够：
1. 使用思维导图针对某一问题展开思考；
2. 使用六顶思考帽针对某一问题展开思考

时间	教师活动	学生活动	所需资源
导入			
5 分钟	用思维导图的方式，带领学生复习之前学习的内容	回答问题、记笔记	黑板、粉笔、笔记本、笔
主体			
5 分钟	通过提问，引导学生说出思维导图的优势	回答问题、记笔记	PPT、笔记本、笔
10 分钟	组织学生独立阅读思维导图的相关内容	独立阅读、记录或圈出重点内容	教材、笔
10 分钟	布置任务：针对“互联网+”展开思考	1. 画思维导图 2. 画好后拍照到 QQ 群，互相学习	笔记本、笔
10 分钟	通过提问引出六顶思考帽的思维方法	回答问题、记笔记	PPT、笔记本、笔
10 分钟	引导学生使用六顶思考帽思考解决问题的方案	回答问题	PPT 练习题
15 分钟	布置任务：使用六顶思考帽的思考方法，针对“‘互联网+’创业”这一主题展开思考	小组讨论并记录	大白纸、马克笔
10 分钟	引导小组之间分享作业	记笔记、点评	笔记本、笔、双面胶
5 分钟	引导学生总结刚刚的学习活动	同伴互评或分享观点	

题目：主题三之创业机会的识别及创业项目的选择 1			
授课时间：　　年　　月　　日			
所需资源：教材、本课题教案、笔记本、笔、创业项目地图、视频、PPT			
学习目标： 通过本主题的学习，学生将能够： 1. 解释创业机会的内涵与特征； 2. 说出创业机会的来源； 3. 说出识别创业机会的方法； 4. 根据创业项目地图，选择创业项目； 5. 对本组选择的项目做 SWOT 分析			
时间	教师活动	学生活动	所需资源
导入			
15 分钟	通过小桔科技公司案例引导学生说出创业机会的特征	回答问题、记笔记	PPT、笔记本、笔
主体			
8 分钟	布置任务：独立写出创业机会的内涵或者概念	写下创业机会的内涵	PPT、笔记本、笔
3 分钟	播放创业机会相关视频，布置思考任务：创业机会有哪些来源？	观看视频、记录笔记	创业机会视频、笔记本、笔
15 分钟	布置小组讨论话题：创业机会有哪些来源 总结学生的观点	讨论、分享、记笔记	PPT、笔记本、笔
10 分钟	布置任务：学生独立列举出创业机会的识别方法 总结学生观点	独立列举、回答问题、记笔记	PPT、笔记本、笔
20 分钟	展示并讲解创业项目地图，布置任务：独立思考意向项目	记笔记、独立思考	PPT、教材、创业项目地图、笔记本、笔
总结			
9 分钟	用思维导图梳理今天所学知识点，同桌互批		

题目：主题三之创业机会的识别及创业项目的选择 2

授课时间：　　　年　　月　　　日

所需资源：教材、本课题教案、笔记本、笔、创业项目地图、视频、大白纸、马克笔、双面胶

学习目标：

通过本主题的学习，学生将能够：

1. 根据创业项目地图选择创业项目；
2. 对选择的项目进行 SWOT 分析

时间	教师活动	学生活动	所需资源
导入			
10 分钟	通过播放红糖馒头视频引发学生分享好的创业项目	观看视频、分享项目	红糖馒头视频
主体			
8 分钟	布置任务：独立选择创业项目	独立思考并选择创业项目	创业项目地图（提前上传至 QQ 群
25 分钟	布置小组讨论任务：小组内成员轮流分享自己的创业项目，并投票选择出最佳最可行项目，组长负责记录	小组内轮流分享，组长记录投票选择最可行项目	创业项目地图、教材
12 分钟	结合案例讲解 SWOT 分析	记笔记	沃尔玛案例、笔记本、笔
10 分钟	布置小组任务：针对小组项目进行 SWOT 分析	小组讨论	大白纸、马克笔
15 分钟	随机选择 3～5 组进行分享	分享、给其他组评论	双面胶

题目：主题四之创业团队的组建 1

授课时间：　　　年　　　月　　　日

所需资源：教材、PPT、本课题教案、笔记本、笔、大白纸、马克笔、扑克牌、双面胶

学习目标：

通过本主题的学习，学生将能够：

1. 总结创业者应具备的特质；
2. 说出创业团队的人员构成；
3. 总结创业团队组建的基本要素；
4. 解释创业团队组建的基本原则

时间	教师活动	学生活动	所需资源
	导入		
10 分钟	通过提问引导学生说出创业者应具备的特质（自己喜欢的一个创业者）	回答问题、记笔记	PPT、笔记本、笔
	主体		
10 分钟	组织学生独立阅读，并总结出创业团队的人员构成有哪些	独立阅读、勾画重点	教材、笔
25 分钟	组织学生用扑克牌搭建塔楼，通过提问引导学生说出创业团队的构成要素	搭建塔楼，每组之间 PK：在同样的时间内搭出的塔楼，哪组的更加坚固 记笔记、回答问题、互评	扑克牌、笔记本、笔
5 分钟	PPT 展示创业团队的构成要素	阅读、勾画重点、记笔记	PPT、笔记本、笔
15 分钟	组织学生结合西游记团队故事讨论高效创业团队组建的基本原则（也可以用三国案例） 对学生的反馈进行总结	讨论、记笔记	大白纸、马克笔、笔记本、笔
10 分钟	组织小组间针对高效创业团队组建的基本原则进行分享（临近的两组之间，大白纸贴在墙上）	小组间进行分享、记录	双面胶
	总结		
5 分钟	提问： （1）阐述创业团队的构成要素 （2）阐述创业团队组建的基本原则	回答问题	

注：PK，player killing，对决

题目：主题四之创业团队的组建 2

授课时间：　　　年　　　月　　　日

所需资源：教材、PPT、本课题教案、黑板、粉笔、笔记本、笔

学习目标：
通过本主题的学习，学生将能够：
1. 根据项目及性格测试，组建创业团队并分配职责；
2. 陈述创业团队管理的策略

时间	教师活动	学生活动	所需资源
		导入	
5 分钟	通过提问引导学生说出高效团队组建的基本原则	回答问题、记笔记	PPT、笔记本、笔
1 分钟	PPT 展示学习目标	记笔记	笔记本、笔
		主体	
10 分钟	组织学生进行性格测试	做测试	教材
18 分钟	组织学生分析自己性格，并基于测试审视现有团队是否搭配合理	举手表决并回答问题	PPT
8 分钟	组织学生给创业者的管理能力打分	独立给创业者的管理能力打分	教材
10 分钟	组织学生讨论：创业团队管理的原则 总结学生的点子	讨论、记录	
10 分钟	邀请创业成功的学生分享团队建设及股权分配原则（或者用案例讲解）	记笔记	黑板、粉笔、PPT、笔记本、笔
10 分钟	通过布置独立阅读任务让学生加强对团队管理的学习	独立阅读、勾画重点	教材、笔
		总结	
8 分钟	提问： 创业团队管理的策略及技巧	回答问题	

题目：主题五之客户需求的探索 1

授课时间：　　年　　　月　　　日

所需资源：教材、PPT、本课题教案、笔记本、笔、大白纸、马克笔、客户画像讲义、双面胶

学习目标：

通过本主题的学习，学生将能够：

1. 说出客户的概念；
2. 列举出客户画像包含的内容；
3. 根据小组项目，描述客户画像

时间	教师活动	学生活动	所需资源
导入			
8 分钟	通过提问引导学生说出客户的重要性及概念	回答问题、记笔记	PPT、笔记本、笔
2 分钟	PPT 展示学习目标	记笔记	PPT、笔记本、笔
主体			
10 分钟	布置任务：独立列举出客户画像包含的内容； PPT 展示客户画像内容	独立列举 记笔记	笔记本、笔
25 分钟	布置任务：小组讨论并画出客户画像 巡视并指导各项目小组	讨论、记录要点	客户画像讲义、大白纸、马克笔
25 分钟	组织小组间针对客户画像进行分享	CEO 分享讲解、记笔记	双面胶、笔记本、笔
5 分钟	组织学生针对刚刚的分享学习进行总结	记笔记	笔记本、笔
总结			
5 分钟	提问： （1）什么是客户 （2）客户画像包含的主要内容	回答问题	

题目：主题五之客户需求的探索 2

授课时间：　　年　　月　　日

所需资源：教材、PPT、本课题教案、笔记本、笔、问卷调查讲义、视频、问卷量

学习目标：

通过本主题的学习，学生将能够：

1. 列举出市场调查的主要内容；
2. 描述出问卷调查设计的要点；
3. 根据小组项目，设计出调查问卷

时间	教师活动	学生活动	所需资源
导入			
5 分钟	通过提问引导学生说出市场调查的重要性	回答问题、记笔记	PPT、笔记本、笔
2 分钟	PPT 展示学习目标	记笔记	PPT、笔记本、笔
主体			
10 分钟	组织学生观看视频并总结出市场调查的主要内容	观看视频 记笔记	眼镜行业视频、笔记本、笔
8 分钟	收集学生观点并 PPT 展示市场调查的主要内容	分享、记录	PPT、笔记本、笔
5 分钟	通过提问引导学生说出市场调查的主要方法	回答问题、记笔记	PPT、笔记本、笔
10 分钟	组织学生完成一份问卷，并总结出问卷调查设计的格式和要点	填问卷调查 总结要点	问卷调查讲义、教材
10 分钟	PPT 展示问卷调查设计的格式和要点	记笔记	PPT、笔记本、笔
25 分钟	布置任务：小组讨论设计本组项目的问卷调查；巡视指导	小组讨论、记录要点	笔记本、笔
总结			
5 分钟	（1）布置作业：问卷录入问卷星，发放 300 份 （2）让学生描述出问卷调查设计的要点	课后：把设计好的问卷录入问卷星并回收 回答问题	问卷星

题目：主题六之初创企业的财务与融资

授课时间：　　年　　　月　　　日

所需资源：教材、本课题教案、黑板、粉笔、笔记本、笔

学习目标：
通过本主题的学习，学生将能够：
1. 列举出创业融资资金的来源渠道；
2. 预算出本组项目的利润

时间	教师活动	学生活动	所需资源
		导入	
10 分钟	通过提问检查学生独立阅读企业的组建注册流程情况	回答问题 记笔记	笔记本、笔
		主体	
10 分钟	组织学生头脑风暴列举出企业融资渠道有哪些	列举	黑板、粉笔
10 分钟	布置任务：独立阅读融资渠道部分	独立阅读 记录要点	教材、笔记本、笔
10 分钟	布置任务：独立阅读创业融资渠道部分	独立阅读 勾画重点	教材、笔
35 分钟	讲解财务报表相关知识	记笔记	教材、笔记本、笔
		总结	
5 分钟	布置作业：小组根据本组项目预算利润	记笔记	笔记本、笔

题目：主题七之市场营销的策略1

授课时间：　　年　　月　　日

所需资源：教材、PPT、本课题教案、笔记本、笔

学习目标：

通过本主题的学习，学生将能够：

1. 描述市场、市场营销的概念；
2. 描述项目的目标顾客；
3. 描述项目的价值主张

时间	教师活动	学生活动	所需资源
导入			
8分钟	通过情景认知导入，组织小组讨论市场及市场营销的概念	讨论、记笔记	PPT、笔记本、笔
2分钟	PPT展示学习目标	记笔记	PPT、笔记本、笔
主体			
20分钟	布置任务：独立阅读目标客户及价值主张部分	独立阅读并勾画重点	教材、笔
25分钟	布置任务：结合本组项目，小组讨论目标客户是谁，价值主张是什么	小组讨论 记笔记	笔记本、笔
15分钟	组织每小组CEO针对项目的目标客户和价值主张进行分享	记笔记、同伴提问	笔记本、笔
总结			
10分钟	针对刚刚的讨论分享进行总结、提问	回答问题、记笔记	笔记本、笔

题目：主题七之市场营销的策略 2

授课时间：　　　年　　　月　　　日

所需资源：教材、本课题教案、笔记本、笔

学习目标：

通过本主题的学习，学生将能够：

1. 根据市场细分的依据，进行市场细分，并选择目标市场；
2. 针对目标市场制定恰当的营销策略

时间	教师活动	学生活动	所需资源
导入			
10 分钟	情景导入后引导学生回答：Rose Only 是怎么找到目标市场的	回答问题 记笔记	笔记本、笔
主体			
15 分钟	布置任务：独立阅读市场细分部分理论知识并勾画重点	独立阅读 记笔记	教材、笔记本、笔
15 分钟	布置任务：小组讨论本组项目的目标市场并随机抽选几组进行分享	讨论 记录要点 分享讨论结果	笔记本、笔
20 分钟	布置任务：独立阅读市场营销策略部分知识解析及案例，并勾画重点	独立阅读 记笔记	教材、笔记本、笔
18 分钟	布置任务：小组讨论制定本组项目的市场营销策略	小组讨论 记录要点	笔记本、笔
总结			
2 分钟	布置作业 课后小组成员继续讨论制定营销策划书，并通过 QQ 邮箱发送至教师处	记录要点	笔记本、笔

题目：主题八之商业模式的设计 1

授课时间：　　　　年　　　月　　　　日

所需资源：教材、本课题教案、商机画板、商业模式画布、展示板

学习目标：
通过本主题的学习，学生将能够：
1. 描述商机画板；
2. 解释商业模式的概念；
3. 列举出商业模式包含的要素

时间	教师活动	学生活动	所需资源
	导入		
5 分钟	通过有效提问，引导学生说出客户画像和商机画板的重要性	思考并回答问题	
	主体		
25 分钟	组织学生结合本组的创业项目，根据商机画板模板，描述商机画板； 教师巡视，给予指导	小组讨论、描述商机画板	教材中商机画板
20 分钟	组织学生展示本组的客户画像和商机画板；其他组同学给出建议	记笔记、互评	
10 分钟	布置任务：独立列举出商业模式包含的要素	独立列举	笔记本、笔
15 分钟	PPT 展示商业模式画布并举例说明	记笔记	商业模式画布、案例
3 分钟	通过提问引导学生总结出商业模式概念并总结	回答问题、记笔记	PPT
	总结		
2 分钟	布置任务： 展示板写出商业模式画布包含的主要内容	写出答案	展示板

题目：主题八之商业模式的设计 2

授课时间：　　　年　　　月　　　日

所需资源：教材、本课题教案、商业模式画布、便利贴、笔记本、笔

学习目标：
通过本主题的学习，学生将能够：
1. 根据小组项目，使用商业模式画布设计商业模式；
2. 每组 CEO 可以讲清商业模式

时间	教师活动	学生活动	所需资源
导入			
5 分钟	通过提问检测：商业模式画布包含的重要内容	思考并回答问题	
主体			
30 分钟	布置任务：小组讨论出本组项目的商业模式；巡视指导	小组讨论、记录	商业模式画布、便利贴、笔
15 分钟	讲解两种不同的描述商业模式的方法	记笔记	笔记本、笔
25 分钟	组织小组内 CEO 针对本组项目商业模式进行描述，小组内成员评价	CEO 讲解商业模式、互评	商业模式画布
总结			
5 分钟	通过提问的方式请学生分享商业模式设计和描述中的问题	分享、记笔记	笔记本、笔

题目：主题九之创业计划书的制订及课赛路演准备 1

授课时间：　　　　年　　　月　　　日

所需资源：教材、本课题教案、创业计划书范文、PPT、笔记本、笔、案例

学习目标：

通过本主题的学习，学生将能够：

1. 解释创业计划书的作用；
2. 描述创业计划书写作的重要内容；
3. 说出创业计划书写作注意事项；
4. 编写创业计划书

时间	教师活动	学生活动	所需资源
	导入		
10 分钟	案例导入，引导学生说出创业计划书和商业路演的重要性	思考并回答问题	案例
	主体		
15 分钟	组织小组讨论出创业计划书写作的重要内容	说出答案、记笔记	PPT、笔记本、笔
10 分钟	布置任务：学生独立阅读创业计划书撰写的主要内容并勾画重点	独立阅读 勾画重点	教材、笔记本、笔
20 分钟	布置任务：学生独立阅读创业计划书范文，并总结出创业计划书撰写注意事项	独立阅读 勾画重点	创业计划书范文 笔
10 分钟	组织学生独立阅读创业计划书写作注意事项	独立阅读、勾画重点	教材、笔记本、笔
10 分钟	组织小组针对本组项目创业计划书进行分工	小组分工	笔记本、笔
	总结		
5 分钟	通过提问的方式复习： 描述创业计划书写作的重要内容	回答问题	

题目：主题九之创业计划书的制订及课赛路演准备 2

授课时间：　　年　　月　　日

所需资源：教材、本课题教案、视频、笔记本、笔、PPT

学习目标：

通过本主题的学习，学生将能够：

1. 根据“互联网+”大赛文件解读及要点，准备课赛路演；
2. 编写创业计划书；
3. 准备录制“红糖馒头”1 分钟宣传视频

时间	教师活动	学生活动	所需资源
	导入		
10 分钟	组织学生观看滇池学院“红糖馒头”国赛路演视频，引导学生说出这个项目的优势	思考并回答问题	视频
	主体		
25 分钟	结合视频，讲解“互联网+”大赛及课赛路演要求及汇报技巧	记笔记	PPT、笔记本、笔
10 分钟	结合“红糖馒头”1 分钟视频，讲解项目宣传视频制作要点	记笔记	“红糖馒头”宣传视频、笔记本、笔
30 分钟	组织小组分工继续编写创业计划书	编写商业计划书	笔记本、笔
	总结		
5 分钟	布置作业：课后制作好宣传视频	记录	

附录 5　有效的教学方法①

作为教师，你可以在以下部分了解到很多在课堂上可以使用的有效积极的教学方法。

我们所说的“有效、积极的教学方法”是指“主动的”，能够在课堂上最大限度获取学习效果的方法。课堂上就应该实现学生真正的学习，而不是让学生在课后再花大量时间进行学习，否则，就意味着课堂上所使用的教学方法是低效的。下面简述了一些在课堂上能够促进学生最有效开展学习的方法。

1. 鼓励学生记笔记和使用思维导图

记笔记是一种有效积极的学习方法，也是最为简单的活动之一。教师应该鼓励学生养成每堂课记笔记的习惯。因为当教师在进行讲解时，记笔记能够确保学生保持主动的意识参与。告诉学生如何通过标示要点来记录重点，以及如何使用“思维导图”，详见附表 5-1。

附表 5-1　记录重点和运用思维导图

重点	思维导图
重点 1 重点 2 重点 3	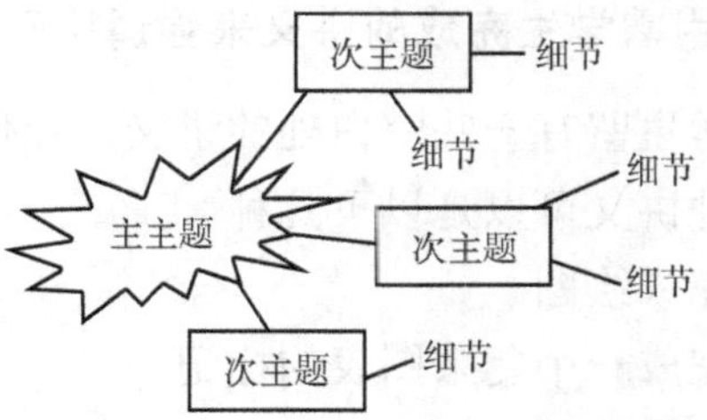

2. 使用有效的提问

好教师的重要标志就是在教学中掌握了有效的提问技巧。有两种不同类型的问题：封闭式问题和开放式问题。

（1）封闭式问题。封闭式问题比较简短，能够快速地提问和回答，并呈现事实。答案一般是“是”或者“否”。主要检查一些简单知识的学习效果。

封闭式问题的例子：

教师提问：氧气的化学符号是什么？（提问后给出思考时间）

学生回答：是 O。

教师：完全正确。

（请注意：提这种类型的问题无法带动更多的主动学习）

① 此部分内容引用云南职业发展项目教师教学质量评估手册，有更改

（2）开放式问题。开放式问题没有一个简短的答案。教师让学生进行思考，学生给出的答案是他们自己的观点和感受，且能够进行延伸使其他学生集中注意力并进行持续性的学习。

开放式问题的例子：

教师：关于氧气大家都知道些什么？（提问后给出思考时间）

学生小张：氧气的化学符号是O。

教师：小王，小张同学回答得对吗？

小王：对！

教师：除此之外，你对氧气还有什么了解吗？

小王：我们呼吸氧气。

教师：小李，氧气还有些什么样的作用？

（请注意：把开放式问题和封闭式问题联系在一起向学生提问，是教师掌控课堂的一种非常重要且积极的方法，因为它让教师能够时刻检查学生对知识的理解，如果提问能够有效地覆盖学生，就能吸引他们的注意力。学生在这个过程中既享受到乐趣，也有压力，在很多时候能让学生学习新知识及补充知识。把提问和练习结合在一起就是非常有效的教学。）

有效教学要点：

（1）尽可能多地使用有效的开放式问题，并且教师的讲授要尽量减少。

（2）教师任务不是炫耀自己的学识，而是通过最为有效的方法让学生学习知识。

3. 使用需学生完成的讲义来强调核心的知识和概念

发给学生留有一些空白处的讲义，让他们根据之前的练习或教师介绍的内容自己填写完成。这种讲义可以是以下几种。

（1）完成绘图。

（2）完成一个复杂图表的标记。

（3）完成计算。

（4）完成流程图。

（5）完成工作单：学生需回答或解决的问题。

（6）完成化验单：一套需遵守的指令。

4. 利用教室、实验室或者工作坊进行练习，并在教师的帮助下解决问题

和有效提问一样，在课堂上使用随堂练习是良好的教学表现。教师可以在学生尝试完成练习的过程中给予帮助，当然随堂练习应由简到难。教师在给学生提供范例以后，学生可以自行进行实践练习。教师可以在教室里走动以检查所有学生的进展，并给有需要帮助的学生提供支持。教师可以通过设计不同层次的问题观察每位学生的学习情况，从而简单评估学生的排名和能力。同时，这种方法也可以告诉教师教学是否有效，是否需要回顾某些教学内容。这种方法同样适用于同伴合作和小组合作，让学生可以在合作中相互学习。

5. 利用同伴合作和小组合作，让学生之间相互帮助学习

同伴合作和小组合作对于学生的语言发展和展开讨论是非常有效的。它具有如下优势。

（1）让学生有更多发言的机会。

（2）能让学生有机会与组内其他学生交流，学会合作。

（3）让学生达到目标时拥有成就感。

（4）教会学生如何主导及配合（除了教师以外的）其他同学。

（5）教师在教室走动巡视，能真正了解每个学生的学习情况并给予支持。

在组织同伴合作和小组合作时，教师必须注意以下几点。

（1）在学生进行分组之前，教师要充分解释清楚具体的步骤。

（2）规定好活动时间。

（3）最好教师自己演示或者选一位学生代表演示，让其他学生清楚即将开展的活动。

（4）在活动开始前，要学生确认已经清楚活动的具体要求。

（5）了解提前完成活动的小组情况，确保他们正确地完成了活动，而不是因为对活动要求的理解有误而提前完成。

（6）在小组活动结束后，安排反馈时间，让学生可以相互分享活动心得。

（7）管理好不认真参加活动的学生。

6. 头脑风暴

组织头脑风暴容易出现两个方面的问题：第一，如果有一位学生提出强势的想法，就很容易让其他学生也沿着这个想法思考；第二，有些学生成为“语霸”，有些学生永远沉默。

为避免出现上述现象，教师应该让所有学生都思考解决问题的方案，帮助教师在黑板上做记录的协调员要努力控制这个环节，确保能记录下所有的观点。只有当所有的学生都有机会在头脑风暴活动正式开始前思考同一个问题，头脑风暴才能很好地开展，上述问题才能得到避免。具体操作如下。

（1）阐明问题或针对某种情况所需的解决方案（例如，如何针对森林某区的植物测绘活动组织一个三天的实地考察）。

（2）说明解决问题的原因或目的（确保学生能体验真实的测绘练习）。

（3）给学生留出思考时间，并且让他们记录好自己的解决方案。

（4）协助、指导全部学生，确保所有想法都清晰地记录在黑板或大白纸上，这样，所有的学生不但有机会表达自己的想法，而且还能吸取其他学生的建议；或者可以采取贴小纸条等方法让每位学生都有所贡献。

（5）整合学生提出的观点，并按照重要性排序。

7. 角色扮演

角色扮演活动对于激发学生的学习动机和提高他们的自信非常有效。通过角色扮演将教学、技能学习与组织和管理活动（如办公室工作职能、销售与客户服务等）联系起来

是最理想的设计，同时也可以用来模拟和帮助学生了解任务过程，如让学生演示数据处理的部分过程。具体操作步骤如下。

（1）明确学习目标，准确说明在角色扮演结束之后希望学生能够做什么。

（2）估算学生进行角色扮演所需要的时间。

（3）如果有多组学生参加角色扮演，决定是否包括小组竞赛。

（4）决定角色扮演的表演位置和相关设备与道具。

（5）详细解释学生在角色扮演之前需要做哪些准备。若小组一起开展基础研究、角色分配，这部分要提前准备好。

（6）和学生一起写作，帮助他们决定由谁来扮演哪个角色。

（7）向学生说明通过角色扮演希望他们掌握哪些内容。

（8）进行角色扮演，然后就活动进行讨论和分析，参照指定好的学习目标了解学生掌握了哪些内容。

8. 案例研究

案例研究是对一个真实的情境或者假设的情境进行研究和分析。例如，它可以看成是完成一个小型建筑项目需要管理的所有活动，或者在某一生长条件下粮食产量的一组数据研究等。案例研究是一个非常有价值的主动学习方法，因为它与真实的工作有关，能锻炼学生的理解和分析能力。案例研究可以是真实存在的，也可以是教师杜撰的，它可以覆盖统计与大数据、管理、财务、办公行政、健康与安全、工程与设计等几乎所有学科和专业领域。也可以将案例研究设置为个人练习、小组练习或由教师主导的全班练习活动。

安排一个案例研究时，有两点非常重要：一是要对情境有非常清楚的书面描述；二是设计的问题应该清晰，同时要能够检测学生的理解和分析能力。

9. 在演示或观看视频的同时记笔记和讨论

尽管演示和观看视频并不是主动学习的活动，但是通过指导学生记笔记和使用有效的提问，可以使这些活动的效果扩大。多数情况下，在学生实践之前通过演示可以介绍实验室或者工作坊的活动。很重要的一点是，演示过程应确保所有的学生都很清楚地看到发生了什么。因此，无论学生小组是站着还是围坐在演示设备的周围，这样的小组人数都不应该太多。如果是在实验室或工作坊演示，那么所有的学生都有机会参加。如果学生被分成几组，不能观看演示的那几个组在观看演示之前和之后的时间里要给他们安排其他的相关工作，以确保他们有事可做。后续开展的活动应该与演示相关。

（注意：在课堂教学中教师有上百种有效的、主动学习的教学方法，教师要充分发挥自己的想象力。）

10. 项目教学

这种方法适应于需学生独立完成的项目和小组合作完成的项目。这是一种高激励性的方法，鼓励学生开发思考、实践和沟通的技能。

项目就是布置给学生单独或以小组形式完成的创造性的作业，可以是让学生通过设计和创造来解决一个实际问题，或者制作某样物件。项目需要设置一个完成期，要求学生在完成项目时做到以下几点：①陈述需要解决的问题，以及为什么要完成产品或产出；②为完成产品或产出制订工作计划；③将要完成的产品或产出的设计及每一个元素的成本进行细化；④对每一个阶段谁应该做什么有清楚的要求。

作为教师，你需要仔细地检查项目的可行性，是否有足够的时间实现预期的成果。你也需要确保有足够的、可供使用的材料和工具，且易于购买。要仔细监督学生的任务完成情况，以及工作量是否进行了均匀的分配。

在任务完成的过程中，可对学生个人进行阶段性的评价，这样可以确保每个学生能得到公平的分数。最终的评价可以在“项目展示”时给予，同时，其他学生也进行同伴评价。

项目教学在“跨学科”时很有效，因为它需要学生把所学专业中不同学科的理论和实践进行综合运用，在本门课上学生团队产生的创新成果和创业项目均可以使用项目教学法。

（注意：能在课堂上使用的有效的积极教学法超出你的想象。）

11. 关于积极教学法的友情提示

正如大家所了解的，能用于学生的、有效的、积极的教学法非常之多，多得超出你的想象。需要注意的是，大部分方法，如有效的提问、清晰的演示、小组工作、问题解决、自主学习、项目教学等，都可以在不同的教学环境中运用，包括教室、实验室和工作坊。这些方法都是基础性的方法，能运用于不同类型的学习中。

附录 6　教学法基础①

作为教师，你在这部分能了解到学习心理学的主要知识，这是有效的教学方法的基础。需要注意的是，教师职业标准中的知识、技能和态度都建立在这些教学法基础之上。同时需要注意的是，这里所提及的职业功能是指“在职教院校协助、引导学生学习”这一功能。既然这是我们职业院校教师的职业功能，我们就必须尽量以最为高效、有用、专业的方法来从事这一职业——这也是学习心理学告诉我们的。

举个简单的例子，生病进医院时我们都希望给我们看病的是一名专业的医生，能根据医疗知识给我们提供最好的治疗。换言之，作为专业的教师，我们也应该根据心理学的理论基础，为学生提供最好的学习体验。

1. 有效的学习

在最基础的层面，学习是一项会使脑细胞（神经元）产生链接的活动，这种链接会导致我们的行为发生改变。在这个层面上，行为指能够使用新的知识、理解和技能来思考和从事不同的事情。它的产生是通过一系列的活动把这些知识、理解和技能作为新的链接储存在大脑中。附图 6-1 展示了当学习发生时，大脑如何产生新的神经链接。

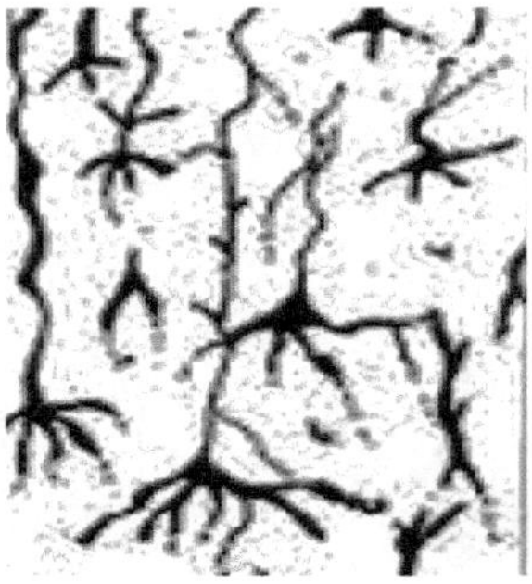

（a）学习前

（b）学习后

附图 6-1　在学习前和学习后的大脑神经链接

2. 我们如何学习新事物

根据常识以及我们学习新事物的经验，要理解和学会新事物，必须与之进行积极的互动。只有主动、专注地学习新事物，才能在大脑中产生新的神经链接，这才是学习产生的过程。被动的观察或倾听不会刺激神经链接，也不会产生真正的学习。因此，为了有效地协助、引导学生学习，我们必须让他们主动地参与到有趣的学习活动中。常识告诉我们，最有效的学习方法就是主动地动手去做。这也是孔子在两千多年前就告诉我们的：吾听吾

---

① 此部分内容引用云南职业发展项目教师教学质量评估手册，有更改

忘，吾见吾记，吾做吾悟。

有效教学要点：为帮助学生有效学习新事物，我们必须让他们主动地参与到与学习任务相关的实践活动中来。

3. 不同类型和水平的学习

根据经验，我们知道可以把获得的知识、理解和技能作为不同“类型”的学习，并且能够把这些不同“类型”的学习组合在一起形成实际操作的能力。例如，当学习某种乐器的时候，我们首先需要了解乐谱的知识，同时也需要动手练习，这样乐器才能发出我们想要的声音。基于经验我们也知道这些不同“类型”的学习可以发展到不同的水平。例如，学习了乐谱我们就能理解、解读和分析一首乐曲，甚至自己谱写新的乐曲。在研究学习的“类型”“水平”，以及与之相联系的学习目标这一领域，有一个非常著名的人物本杰明·布鲁姆。

4. 布鲁姆分类学

“分类学”是把事物进行分类的一种科学。布鲁姆的分类学涉及学习“领域”（类型），以及制定学习目标的水平。

（1）三个学习领域。布鲁姆的学习领域即上文提到的学习“类型”，分别如下。

①认知（认识）。

②技能（与身体能够做什么有关）。

③情感（与“行为”“态度”和“感受”有关）。

就上面提到的演奏乐器的例子而言，认知领域是知道乐谱，技能领域是动手操作乐器，情感领域是带感情地解读乐曲。作为有胜任力的表现，三个领域都必须涉及，且这一理论几乎是可以针对所有活动的。

（2）学习的水平。在这个领域中，更高水平的学习取决于必备的低水平的知识和技能。布鲁姆学习分类学的认知领域包含 6 个水平层次的学习，请见附表 6-1～附表 6-3。

附表 6-1　认知分类用于评价学习效果的水平层次

层次	定义	学习水平	
创造	将独立的概念进行组合从而创造出新事物的能力	6	复杂与核心技能 ↑ 基本知识和技能
评价	判断事物价值的能力	5	
分析	展示事物之间关系的能力	4	
应用	运用所学内容的能力	3	
理解	理解含义，解释并重述观点的能力	2	
记忆	回想起之前所学内容的能力	1	

注：这是安德森和克莱斯万于 2001 年更新后的布鲁姆分类体系

附表 6-2 技能分类中用于评价学习效果的水平层次

分类	定义	学习水平	
本能内化	在至关重要的层面掌握某项活动和相关技能，达到自动、无意识反应的程度	5	复杂与核心技能
外显	适应和整合专业知识以实现一个非标准目标	4	
精确	能够在无外界帮助下稳定地使用技能	3	
操作	根据指导或记忆再现活动	2	
模仿	模仿其他人的行为，观察并复制	1	基本知识和技能

附表 6-3 情感分类中用于评价学习效果的水平层次

层次	行为	学习水平	
价值或价值体系的性格化	学生将固定的行为内化成一种自然而然的价值观，克服其带来的不适或代价。这一价值观已成为个体性格特征的组成部分	5	发展层次较高的价值和行为
组织、整理	学生确认一种新价值观或行为的重要性	4	
价值评价	学生认可某价值观，并通过参与或承诺来体现	3	
反应	因接触了一种态度、行为或价值观，学生做出反应或改变	2	
接受（注意）	学生注意到一种态度、行为或价值观	1	基本价值

5. 有效的学习活动和环境

什么是有效的学习方法？心理学家在过去的几十年间已经通过各种实验回答了这个问题，这些实验把学习者进行分组，然后通过不同的方法和活动让他们学习新事物。通过一段时间的学习后，心理学家测试不同组别学习者对于信息的留存率。测试反复进行，但所得结果都是一致的，详见附图 6-2。

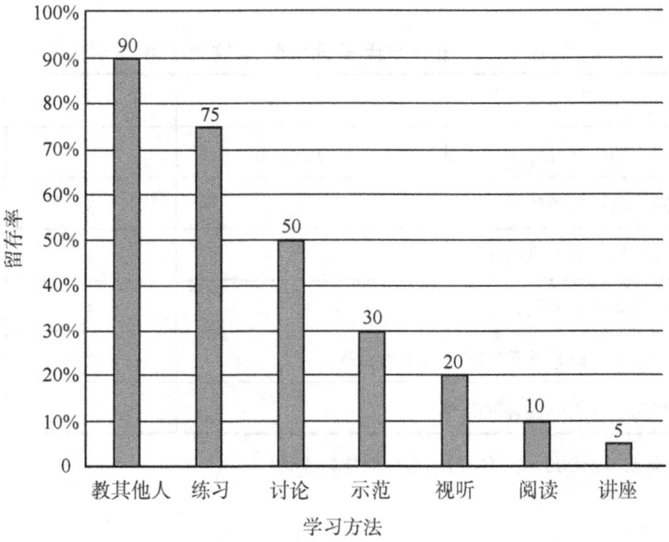

附图 65-2 对于不同活动学生的平均留存率

资料来源：learning retention rate（学生学习留存率调查）.https:www.tenouk.com/learning retention rate.html

学习心理学的科学实验结果非常明确地证明：最为有效的学习方法都是那些积极的、互动的方式：示范、讨论、练习、教其他人。附图 6-2 也显示了以倾听为主的讲座、视听和阅读都是低效的。当然，如果过程中主动地记笔记则可以加强学习效果，从而提高学习效率。但是，科学实验的结果以及孔子的教诲都告诉我们：最为高效和有用的学习方法是在获取新知识和新技能的过程中主动去做。学习的另外一个重要事实就是：实时地改变活动有助于消除疲劳并保持注意力。

主动学习要求我们"有自己的理解"，也就是将学习的东西自主地进行概念化——这称为"构建主义"。在这一过程中，我们的大脑会产生神经链接，这个过程也就是学习。然而那些被动的方法，诸如听讲座，则不会有效地产生这样的神经链接，这也是通过这样的方法学习效率低下的原因。

另一个需注意的重要事实是：在学习中，我们通常是通过思考一个概念，然后迁移到另一个概念，从已知到未知。这意味着学生的学习内容必须有逻辑关系，而且学习的步骤不能跨度太大。

有效教学要点：通过可控且有逻辑的步骤，安排教学进程，指导学生从已知到未知。

6. 创建有效的学习环境

有效的学习环境包括很多方面，下面罗列了一些主要因素。

（1）看得见教师（所有学生都看得见教师吗？教师能与学生有眼神交流吗？）

（2）教师布局（对于主动学习是否合适？）

（3）看得见教具（所有学生都能很清楚地看见教具吗？）

（4）内部干扰（是否有小声讲话的或干扰学习的其他因素？）

（5）外部干扰（是否有可以降低的外部噪声？）

（6）内部听觉（所有学生都能听得清教师以及彼此说话吗？）

（7）灯光（所有学生都能看得见黑板、屏幕吗？）

（8）通风及冷暖（在教室里感到冷暖舒适吗？）

（9）学习方法（是否使用了有效及各式各样的学习方法，包括提问？）

（10）陈述方法（陈述是否清晰且不受干扰？）

（11）教师的行为（是否树立了一个好的行为榜样？）

（12）学生的行为（学生注意力是否集中，是否记笔记并且完全参与到课堂中？）

（13）对学生要求的行为准则（是否清晰地介绍了规则，在规则得到遵守或遭到破坏时是否有应对的措施？）

7. 鼓励学生独立学习

如果我们承认教师的角色是协助、引导学生学习的话，那么我们就应该鼓励学生进行独立学习，并且告诉他们一些进行独立学习的好方法。

以下方法可以鼓励学生进行独立学习。

（1）通过电脑等信息技术的渠道查找和收集资料。

（2）进行调查或执行项目。

（3）完成课程作业。

（4）做学习笔记。

（5）完成自我评估测试。

学习心理学告诉我们很多让学生（或其他任何人）进行有效学习的策略。教师能够给我们提供如下支持。

（1）做一些需要集中精神去理解词句及其意思的阅读练习。

（2）在进行精读并且对阅读内容进行总结前，作泛读练习。

（3）做笔记时记录要点，并使用“思维导图”。

（4）尝试使用不同渠道收集信息。

（5）有需要时寻求支持并征求建议。

（6）与朋友和同学进行讨论。

（7）制定学习目标并进行时间管理。

（8）经常性地进行自我测试：研究那些已经解决的问题，并尝试解决新的问题，以此进行自我评估。

（9）尽可能多地练习新学习的技能。

（10）把新知识和旧知识联系到一起。

（11）通过同伴互教来互相帮助。

（12）注意学得越多，能力就越强。

（13）不要把时间浪费在试图回忆一些已经忘记的知识上。忘了就直接去查找。

（14）一段时间内集中精力在一项任务上，而不是多项任务。

（15）睡前适当学习能提高记忆力。

8. 教学的专业性

本书清晰地阐述了教师的职业功能是“协助、引导学生学习”，具有很强的专业性，而教师职业专业性正是建立于学习心理学这一科学基础之上的。

与其他职业一样，为了尽可能有效地从事教师这门职业，很有必要参加能力本位教师培训课程。这种教师培训课程应基于受到国际认可的教学理论和实践。如果这里提到的核心教学法基础知识和有效的教学方法是大家认可并广泛使用的，那作为教师就应该在教师专业性这条路上一步一个脚印地前行，最终成为一名成功的、具有以下特质的教师。

（1）通过清晰的学习目标帮助学生学习。

（2）是自己所教授学科领域的专家。

（3）热爱工作且态度积极。

（4）从不停止学习。

（5）对工作有奉献精神。

（6）对学生的成功寄予厚望。

（7）经常反思且不断思考学生的学习方法。

（8）花时间探索和使用新方法与新教具。

（9）通过同事和其他教学资源获取信息与帮助。

（10）有幽默感并把欢乐带进课堂。

（11）与学生交流并给予支持。

（12）通过表扬鼓励学生。

（13）适应学生的需求。

（14）欢迎课堂上的变化。

9. 上课的技巧

切记，教师的功能不是为了向学生炫耀你的知识和能力，而是要以最为有效的方式帮助学生学习。这里介绍一些值得注意的专业上课技巧。

（1）树立良好的榜样，具有学科专业性和教学专业性，且着装得体。

（2）叫得出学生的名字，与他们讨论学习进展，在检查和帮助学生完成课堂练习时尊重他们。

（3）声音洪亮、清晰。

（4）板书清晰、正规，确保学生不论坐在教室里哪个角落都能看得清、读得懂。

（5）制作幻灯片时，主体内容使用黑白搭配，需要标示重点时使用一或两种其他颜色。只有展示流程时，如文本框、线路等，可以使用其他颜色。

（6）一张幻灯片上的内容不要超过 10 行，并使用符号进行要点标示。

（7）除非是视频课，否则不要在银幕上使用复杂的动画。如果动画本身与教学内容无关的话，那会对学生造成干扰。（切记：不要炫耀幻灯片的使用技巧，而是要帮助学生学习课程内容。）

（8）展示内容时，教师应站在银幕旁边使用指示器指示具体内容。

（9）在讲解过程中和提问时，尽量保持静止，不要随意走动，因为那会对学生造成很大干扰。

（10）把教材中的内容一页一页照搬到幻灯片上对于学习来说不是很有帮助，况且学生自己是有教材的。应该有选择性地提取要学习的重点。

（11）还是尽量使用传统的黑板/白板，这样可以一步一步地构建教学主题。而且应该多提问，而不是一味地依赖投影仪来展示结果。

附录 7　如何撰写学习目标

学习目标是具体且可测量的，它描述了学生的学习效果，即通过学习，学生应该知道或能够做什么。如果教师承认自己的工作就是“协助、引导学生学习”，那么通过制定学习目标来了解学生的学习效果是非常重要的。学习目标有很多作用，具体如下。

（1）非常清晰地描述学生所要学习的内容，为教师提供指导。

（2）指导学生，并帮助他关注和设定学习重点。（注意：学习目标应告知学生。）

（3）有助于对教学和课程进行合理规划和实施。

（4）设置学习标准或等级。

（5）指导评价学生的学习效果，以及他们是否达到了学习目标。

撰写清晰学习目标的主要法则。学习目标清单通常由“词干”开始：“学生能够……”，目标本身包括以下几部分。

（1）一个主动的、可测量的动词；

（2）学习任务的具体内容；

（3）任何与完成学习任务相关的重要条件（并不总是需要）。

学习目标范例如下。

在本堂课结束时，学生将能够：

可测量的动词	任务的具体内容	条件
计算	直角三角形的面积	（直角三角形）如讲义所示
陈述	与中国相邻的所有国家名称	
总结	用自己的话（总结）给出短文	不超过 100 字

注：可测量的动词可以参考布鲁姆目标分类中给出的六个学习“水平”中一个“水平”所能使用的可测量词汇，设置学习目标的目的不仅仅是让学生记住学习内容，更为重要的是，教师应该努力激发学生的学习潜力，让他们朝分类法的“顶端”发展